Antología del cuento literario

Selección y edición de
Miguel Díez Rodríguez

Antología del cuento literario

Selección y edición de
Miguel Díez Rodríguez

Alhambra

Ultima reimpresión, 1990

Claudio Coello, 76. 28001 Madrid.

ISBN 84-205-1972-3

Depósito legal: M. 10.178-1990

Impreso en España - Printed in Spain

Gráficas Rógar, S. A. León, 44. Pol. Cobo Calleja - Fuenlabrada (Madrid)

ÍNDICE

Págs.

Estudio preliminar ... 1

1. Breve historia del cuento ... 1
2. El cuento popular y el cuento literario ... 14

Bibliografía fundamental comentada ... 26

Nuestra selección ... 32

Antología de cuentos ... 35

Cuentos españoles

José de Espronceda: *La pata de palo* ... 35
Gustavo Adolfo Bécquer: *Apólogo* ... 40
Benito Pérez Galdós: *¿Dónde está mi cabeza?* ... 43
Ramón del Valle-Inclán: *El miedo* ... 49
Vicente Blasco Ibáñez: *Sancha* ... 53
Gabriel Miró: *El águila y el pastor* ... 55
Wenceslao Fernández Flórez: *La fraga de Cecebre* ... 58
Ignacio Aldecoa: *Balada del Manzanares* ... 63
Jesús Fernández Santos: *Cabeza rapada* ... 68
José María Merino: *El niño lobo del Cine Mari* ... 71
Luis Mateo Díez: *Los temores ocultos* ... 76

Cuentos hispanoamericanos

Horacio Quiroga: *El hombre muerto* ... 81
Ricardo Güiraldes: *El pozo* ... 85
Jorge Luis Borges: *El espejo y la máscara* ... 88
Julio Cortázar: *La isla a mediodía* ... 92
Juan Rulfo: *¡Diles que no me maten!* ... 99
Gabriel García Márquez: *El ahogado más hermoso del mundo* ... 105

Cuentos extranjeros

Edgar Allan Poe: *El corazón delator* ... 112
Villiers de l'Isle-Adam: *El tormento de la esperanza* ... 118
Oscar Wilde: *El gigante egoísta* ... 123

Págs.

W. W Jacobs: *La pata de mono* 127
Jack London: *Ley de vida* 136
Giovanni Guareschi: *Tercera historia* 143
Ray Bradbury: *Los largos años* 148
Adrian Conan Doyle: *El enamorado de los llanos coralinos.* 158

Glosario 166
Comentarios críticos 170
Comentario de texto 176
Ejercicios 181

ESTUDIO PRELIMINAR

1 BREVE HISTORIA DEL CUENTO

Siempre, en todos los pueblos y en todas las culturas, ha habido cuentos. Narraciones cortas sobre diversos temas y con distintas intenciones. Cuentos anónimos populares que vuelan mediante la palabra viva de generación en generación y que después se recogen por escrito en las antiguas colecciones o por los modernos folcloristas, y, muchas veces, vuelven de nuevo, por extraños caminos, a la tradición oral de pueblos muy distantes. A partir del siglo XIX, a este cuento popular se le une el cuento literario que nace con forma escrita, creado personalmente por un autor. Siempre se ha dicho que el fondo más rico y antiguo de la cuentística universal hay que situarlo en la India. Allí comenzamos este rápido apunte de la historia del cuento escrito.

Las colecciones orientales

1. Cuentos indios: *El Pantchatantra* («Cinco libros»).— Es la más importante colección india de cuentos, fábulas, apólogos y moralejas, que tendrá una extraordinaria difusión universal gracias al acierto de su concepción artística y a sus valores espirituales. Su fecha de composición es difícil de precisar. A principios del siglo VI d. C. ya existía esta obra, y varios siglos antes se comenzó a gestar.

Muchas narraciones de *El Pantchatantra* provienen de la literatura budista; varias de las fábulas proceden de Occidente, principalmente de Esopo, y los cuentos, especialmente los maravillosos, son de origen indio. La difusión de los cuentos de *El Pantchatantra* se inicia en el siglo X, mediante tres vías principales: traducidos al persa y al árabe, fueron llevados por los pueblos islámicos a Asia, África y Europa; por Bizancio, Italia y España se extendieron al Occidente cristiano donde se transformaron y adoptaron formas muy diversas; los budistas, a su vez, los difundieron por China, Tibet y Mongolia.

2. Cuentos árabes: *Las mil y una noches*.—Es la más célebre e importante colección de cuentos árabes. Impregnados de toda la fastuosidad y colorido oriental, algunos de ellos son muy conocidos como *Aladino y la lámpara maravillosa* o *Alí Babá y los cuarenta ladrones*. Se trata de una compleja composición formada por tres grupos de cuentos, además de otros independientes, como la serie de *Simbad el marino*. El primer grupo parece que tiene como origen un libro de cuentos persas de procedencia india. El segundo se compuso en el Bagdad de los Abasíes, y el tercero está formado por un conjunto de cuentos populares egipcios. La redacción definitiva se cree que se realizó en Egipto, bajo los últimos mamelucos. En Europa se conoció tardíamente, en el siglo XVIII.

El cuento base que estructura toda la colección narra la historia de un rey que, al enterarse de la infidelidad de su sultana, decide tener una esposa cada noche y hacerla ejecutar al día siguiente; y así lo hace hasta que Sherezade, hija del visir, logra que el rey vaya aplazando su muerte, intrigado por el desenlace de los cuentos que la muchacha le cuenta cada noche e interrumpe al llegar la mañana [1].

Las colecciones medievales

1. *Disciplina clericalis*.—Nos encontramos ante un libro español considerado como un hito importante en la

[1] Vid. *Antología de las mil y una noches*, Madrid, Alianza Ed., varias ediciones.

historia del cuento. Está formado por treinta y cuatro cuentos populares muy variados y esquemáticos, la mayoría de origen oriental y con distintos motivos folclóricos, redactados en latín en la primera mitad del siglo XII. Su autor fue el judío español Mosé Sefardí, nacido hacia 1062, quien recibió el nombre de Pedro Alfonso al convertirse al cristianismo.

La estructura narrativa del libro se centra en un padre que instruye a su hijo mediante cuentos. Se trata, en general, de ejemplificaciones moralizantes sobre la amistad, los enredos del amor, el ingenio y astucias de las mujeres, con frecuentes sentencias acerca de la brevedad de la vida, la bienaventuranza, etc. Fue muy popular en España y muy divulgado en el resto de Europa.

2. *Calila e Dimna.*—Es una colección de cuentos de origen oriental, con intención didáctica. El título viene dado por el primer cuento que es el más largo. La conversación entre dos lobos hermanos, Calila e Dimna, y las demandas de consejo entre un filósofo y un rey dan lugar a multitud de fábulas.

Los mandó traducir del árabe Alfonso X el Sabio, siendo aún infante (hacia 1251 o, tal vez, varios años antes). En su mayor parte los cuentos del *Calila e Dimna* proceden del *Pantchatantra* indio, y el libro alfonsí parece que se basa en una traducción árabe, bastante fiel al texto hindú. Entre los cuentos más famosos figura el del brahmán y el jarro de manteca, que inspiró el Doña Truhana del infante Don Juan Manuel y la fábula de la Lechera de La Fontaine.

3. *Libro del Sendebar o de los engaños e asayamientos de las mujeres.*—Esta obra es una colección de veintiséis cuentos de origen indio, que fueron traducidos al persa y, más tarde, al árabe. En esta lengua se hicieron populares en la España musulmana del siglo XII. En 1253, por encargo del infante don Fadrique, hermano de Alfonso X el Sabio, fueron traducidos al castellano. Es una de las primeras manifestaciones de la literatura misógina (desprecio a la mujer), tan abundante en la Edad Media. Los temas del Sendebar son las argucias, malas artes y enredos de las mujeres para conseguir sus propósitos.

4. *Los «fabliaux».*—Son una serie de pequeñas histo-

rietas en verso, tomadas en gran parte de la tradición oral francesa. Se conservan unos ciento cincuenta y su fecha de composición va desde finales del siglo XII a principios del XIV. Los *fabliaux* eran divulgados por los juglares y destinados al público burgués. Presentan frecuentemente un carácter licencioso, jocoso y picante. Ridiculizan a clérigos y villanos y crean una pintura de costumbres medievales nada edificantes. Algunas veces son narraciones de tipo moral, sentimental o maravillosas. La importancia de los *flabiaux* es grande: reflejan la vida, las costumbres y la lengua de la época e influirán en la obra de grandes escritores como Rabelais, La Fontaine y Molière.

5. *Le Roman de Renart.—El Poema del Zorro* se compone de una serie de cuentos, en verso, que son historias protagonizadas por animales —Renart o el Zorro, Noble o el León, Ysengrín o el Lobo, Tibert o el Gato, etc.— perfectamente caracterizados. El mundo animal se va convirtiendo en una representación del mundo feudal y los animales acabarán siendo hombres disfrazados. Se compuso en Francia desde finales del siglo XII a mediados del XIII.

6. *Il Novellino o Cento novelle.*—Es una colección de cien cuentos breves, escritos en italiano en el siglo XIII, que narran anécdotas de las vidas de los santos, de las leyendas medievales y de la literatura novelesca francesa. La forma de los cuentos es muy breve y concisa, pero, a veces, llama la atención la penetrante observación de los caracteres.

Tres grandes cuentistas del siglo XIV

1. *D. Juan Manuel* (1282-1349?).—Sobrino de Alfonso X el Sabio y nieto de Fernando III el Santo, participó activamente, buscando siempre su propio provecho, en las luchas y acontecimientos políticos de su época. Su principal obra es *El Conde Lucanor* (o *Libro de los enxiemplos del Conde Lucanor et de Patronio*) (1335). Se trata de una colección de fábulas, cuentos novelescos, de magia, de leyendas o de episodios de personajes históricos. El plan del libro es muy sencillo: un joven noble, el Conde Lucanor,

le formula a su consejero Patronio preguntas sobre muy distintas cuestiones. Patronio responde, apoyándose en un cuento, anécdota o fábula, y condensa la moraleja en un pareado final.

En los cuentos hay un amplio desfile de personajes, situaciones y problemas humanos. Curiosamente se excluye lo amoroso. Lo que siempre queda manifiesto, por encima de todo, es el sentido práctico de la vida.

Don Juan Manuel es el primer prosista castellano con un estilo personal y con voluntad de arte. Algunos de sus cuentos como *De lo que aconteció a un dean de Santiago con don Illán, el gran maestro de Toledo, De lo que aconteció a un rey con los burladores que hicieron el paño,* o *De lo que aconteció a un mancebo que casó con mujer brava,* son pequeñas obras maestras. Según afirma el profesor Baquero Goyanes:

> Sin necesidad de descripciones Don Juan Manuel sabe crear ambientes, usando para ello de la máxima economía verbal, cualidad esta que acerca sus relatos a los modernos, en los que *el clima* nos es dado por alusión. Hay en los cuentos de *El Conde Lucanor* algo más que en los de las restantes colecciones medievales, escuetamente argumentales. Humor, ambiente, observación de la psicología humana, son las grandes conquistas de Don Juan Manuel, cuyo arte narrativo contiene ya en potencia el de los siglos posteriores [2].

Las fuentes originarias son muy diversas, pero hay que señalar, como las más importantes, las fábulas de Esopo y las colecciones orientales. El éxito de *El Conde Lucanor* fue muy grande y su influencia llegará a Cervantes, Shakespeare, Calderón y La Fontaine, entre otros.

2. *Giovanni Boccaccio* (1313-1375).—La obra más importante de este autor italiano es *El Decamerón* (1353). Está formado por cien narraciones contadas en diez días por siete muchachas y tres jóvenes que, a causa de la peste que azotó la ciudad de Florencia en 1348, se refugiaron en una villa de las afueras de la ciudad y pasaban el tiempo, entre otras diversiones, contando cuentos.

Aunque existen en *El Decamerón* diversas influencias

---

[2] M. Baquero Goyanes, *El cuento español en el siglo XIX,* Madrid, C.S.I.C., 1949, p. 79.

—de los cuentos orientales, de los *fabliaux* franceses, etc.—, el desenfreno sensual, la ausencia de tono moralizante, la importancia e interés de la trama, la aguda observación de la realidad y el análisis psicológico de los personajes, hacen de este libro una obra nueva y distinta, con decisiva influencia posterior. Los relatos describen un mundo variopinto —el de mediados del siglo XIV— donde bullen toda clase de personajes, con mayoría de «buenos» burgueses nada heroicos, que viven historias de variados argumentos y tonos: alegres y burlescos, satíricos, desenfadados y obscenos, graves y trágicos, y, como ya se ha dicho, sin ningún intento moralizador, sino simplemente para divertir.

3. *Geoffrey Chaucer* (1340-1400).—Los *Cuentos de Canterbury,* de Chaucer, son una obra maestra de la literatura inglesa. Comenzada a escribir hacia 1380, se abre con un prólogo en el que se presenta a un grupo de peregrinos que se dirigen al sepulcro de Santo Tomás Becket, en Canterbury, y que se comprometen a contar cuentos para hacer más ameno el viaje. Cada peregrino representa, con su propia individualidad, una clase social, un oficio o una profesión, y el conjunto proporciona una completa y viva visión de la Inglaterra del siglo XIV.

Dos cuentos están escritos en prosa y los restantes en verso, y aparecen desde historias caballerescas a cuentos de hadas, fábulas de animales, leyendas de santos, toscos *fabliaux,* etc. Destaca el total dominio de la narración, los rasgos pintorescos y vivos, y la fusión de lo satírico y humorístico con lo sentimental y lírico. El resultado es un universo lleno de vitalidad y, por otra parte, plenamente actual. Chaucer representa en la literatura inglesa lo que Don Juan Manuel y Boccaccio en la española e italiana: la exaltación literaria de su propio idioma y el dominio del arte de narrar.

El cuento en el Renacimiento

1. *Mateo Bandello* (1485-1560).—Italiano, de familia noble, fue un espíritu inquieto, mundano, aventurero, a pe-

sar de ser religioso y de haber llegado a obispo de Agen. Es famoso por su colección de doscientos catorce cuentos *(Novelas de Bandello),* la obra italiana más conocida en Europa después del *Decamerón* y en la que se inspiraron famosos escritores. Son cuentos sueltos de muy diversos tipos: hechos reales, leyendas, aventuras, crímenes, etc. Predominan lo dramático y pasional, juntamente con lo cómico a partir de situaciones escabrosas.

2. *Margarita de Navarra* (1492-1549).—Hija de Carlos de Orleans y hermana de Francisco I, se casó en segundas nupcias con Enrique de Albret, rey de Navarra. Representaba el ideal de la princesa renacentista. Conocía varios idiomas, entre ellos el griego y el latín; interesada por todo, amaba la poesía y reunió en torno suyo una corte literaria.

Su obra más famosa es el *Heptamerón,* colección de cuentos con marcada influencia italiana. Se trata de aventuras galantes, anticlericales, historias basadas en hechos de su tiempo. Sobresalen las dotes de observación, su experiencia humana y la mezcla de lo religioso y lo erótico. Siguiendo el ejemplo de Boccaccio, cada cuento está narrado por diversas personas que, aisladas en los Pirineos por el desbordamiento del río Gave, cada tarde se reúnen para contar historias divertidas. Al final de cada cuento se organiza una animada discusión cortesana.

3. *Juan de Timoneda* (1518?-1583?).—Escritor valenciano, poeta, dramaturgo, cuentista y recolector de romances. Es autor de tres colecciones de cuentos: *Buen aviso y portacuentos* (1564), *El Patrañuelo* (1567) y *Sobremesa y alivio de caminantes* (1569). *El Patrañuelo* es la más famosa e importante. Se trata de una colección de veintidós cuentos o patrañas («patraña» significaba refrán o sentencia, fábula, cuento o mentira). Son cuentecillos, anécdotas, chascarrillos, dirigidos a la gente del pueblo para entretenerla y, por consiguiente, lo que pretende es despertar el interés y la fantasía. A veces aparece la malicia y el sabor picante del siglo XVI. Las fuentes de los cuentos, todas ellas identificadas, son muy diversas. Para Menéndez y Pelayo *El Patrañuelo* es

> la primera colección española de novelas escritas a imitación de las de Italia, tomando de ellas el argumento y los princi-

pales pormenores, pero volviéndolas a contar en una prosa familiar, sencilla, animada y no desagradable [3].

El siglo XVII: Charles Perrault

Charles Perrault (1688-1703).—Historiador y famosísimo cuentista francés. Sus célebres *Cuentos de antaño* (1697) están traducidos a todos los idiomas y podemos decir que pertenecen al patrimonio de la humanidad. Solamente con el título de algunos de ellos se puede demostrar la anterior afirmación: *Caperucita roja, Pulgarcito, La Cenicienta, El gato con botas, La bella durmiente del bosque, Barba Azul,* etcétera. Se trata de versiones —expurgadas, retocadas o actualizadas— de verdaderos relatos populares de diferentes países, que en muchos casos eran residuos de viejos mitos y leyendas que pervivían en la memoria colectiva popular.

El siglo de los cuentos

El siglo XIX es el siglo de la narrativa: la época del conjunto de novelistas más importantes de la historia de la literatura y, por lo que a nosotros interesa, de la preocupación por el *cuento popular* y el nacimiento del *cuento literario* como un nuevo género propio de este siglo.

En el Romanticismo se impulsará el interés por las manifestaciones folclóricas, especialmente los cuentos populares, como demostraciones de una forma artística que, al estar basada en la espontaneidad natural, consiguen un especial encanto, y como exponentes de lo más genuino del espíritu nacional —universal— y popular. Numerosos estudiosos de diferentes países se preocuparán de recoger, arreglándolos y retocándolos, los cuentos tradicionales populares. Además, el gusto romántico creará leyendas, baladas, relatos fantásticos, tenebrosos o alucinantes a la manera de Hoffmann, Allan Poe o, entre nosotros, Alarcón y Bécquer. Como dice Germán Bleiberg:

[3] M. MENÉNDEZ Y PELAYO, *Orígenes de la novela* III, Madrid, Ed. Nacional, 1943, pp. 75-76.

> es a partir de las postrimerías del Romanticismo cuando el cuento se destaca como individualidad literaria perfectamente encuadrada, dibujando, con pinceladas certeras, ambientes, caracteres, episodios menos extensos en peripecias que intensos en emoción penetrante y aguda [4].

Nos limitaremos a señalar, en una enumeración que no pretende ser exhaustiva, los principales autores de la copiosa producción cuentística de este siglo, dentro de una u otra de las dos direcciones apuntadas.

ALEMANIA

Ernest T. A. Hoffmann (1776-1822).—Compositor, dibujante y autor de los *Cuentos fantásticos.* Desde su infancia manifestó una asombrosa imaginación y una viva inteligencia. Su peculiar visión de lo fantástico hizo que se convirtiera en un maestro indiscutible del género. En sus cuentos se describen ciertos estados del alma «intermedios entre el sueño y la vigilia» e insiste en descubrir «el lado nocturno del alma». Lo cotidiano y lo maravilloso se confunden en una extraña armonía superior que logra, a veces, hacer soñar y, otras, provoca el escalofrío del misterio o del horror.

Los hermanos Grimm, Jacobo Luis (1785-1863) y Guillermo Carlos (1786-1859).—Son autores de *Cuentos infantiles y del hogar* (1812). Su fe romántica en la superioridad de la poesía popular sobre la erudita dio como resultado esta obra inmortal por su sencillez y belleza, que tanta influencia ha tenido. Se trata de una colección de cuentos recogidos de la tradición popular oral. Algunos son auténticos —ligeramente retocados en su estilo—, otros son adaptaciones de cuentos extranjeros, tomados de Perrault, de los países nórdicos, etc. Aunque algunos escritores, como por ejemplo Perrault en el siglo XVII, ya habían tenido en cuenta y aprovechado algunos cuentos populares, son los hermanos Grimm los que realmente inician la recogida sistemática de los mismos [5].

---

[4] Germán BLEIBERG, *Diccionario de Literatura Española,* Madrid, Revista de Occidente, 1972, p. 273.

[5] Vid. Hermanos GRIMM, *Cuentos,* Madrid, Alianza.

Dinamarca

Hans Christian Andersen (1805-1875).—Hijo de un pobre zapatero, estuvo dotado desde pequeño de una prodigiosa fantasía. En 1835 comenzó a publicar sus *Cuentos* que siguió editando hasta 1872. Parte de la inspiración popular, aunque sólo unos quince cuentos, de un total de ciento cincuenta y seis, pertenecen a la tradición oral. Por su fantasía genial, por su acento maravilloso, poético y melancólico, por su emoción y por el sentido del misterio de las fuerzas naturales, «el hombre de los cuentos» tiene un puesto de honor entre los más célebres autores de cuentos para niños. En la memoria infantil universal estarán siempre *El soldadito de plomo, El patito feo* o *La reina de la nieve*[6].

Francia

Entre los numerosos autores franceses de cuentos se pueden citar a Prosper Merimée (1803-1870) que escribió famosos relatos como *Mateo Falcone* (1829) o *La toma del reducto,* del que se ha dicho que es una obra maestra de intensidad. Barbey d'Aurevilly (1808-1889), autor de *Las diabólicas* (1874), libro de cuentos extraños y crueles, violentas historias de amor, odio y de mentira. Alfred de Musset (1810-1857). Villiers de l'Isle-Adam (1838-1889). Alphonse Daudet (1840-1897), autor de las deliciosas *Cartas de mi molino* (1869) y *Cuentos del lunes* (1873).

Pero el maestro indiscutible del cuento francés es Guy de Maupassant (1850-1893). Escribió más de doscientos sesenta cuentos, algunos verdaderas obras maestras como *Bola de sebo* (1880). Adscrito al naturalismo, destaca en él un estilo preciso, la capacidad de observación y el sentido de la tensión precisa para dotar de fuerza y dramatismo a sus relatos.

Inglaterra

Charles Dickens (1812-1870), maestro de la novela inglesa, escribió muchos relatos como los famosos *Cuentos de*

---

[6] Vid. Andersen, *La sombra y otros cuentos,* Madrid, Alianza.

Navidad (1843-1846), entre los que destaca la conocida *Canción de Navidad.* Robert Louis Stevenson (1850-1894) se retiró al final de su vida a la isla de Samoa y allí los nativos le llamaban *Tasitala* (el-que-cuenta-cuentos). Es autor de una maravillosa novela de aventuras, *La isla del tesoro* (1883), y también escribió numerosos relatos como *Cuentos de los mares del Sur* (1892) que incluyen los célebres cuentos largos *El diablo de la botella* y *La isla de las voces.* Oscar Wilde (1856-1900). Rudyard Kipling (1865-1936), autor del inolvidable *El libro de la selva* (1894) y de otros muchos cuentos.

NORTEAMÉRICA

Washington Irving (1783-1859), autor de los famosos *Cuentos de la Alhambra* (1832). Nathaniel Hawthorne (1804-1864), autor del conocido relato *Wakefield* y de la colección *Cuentos narrados dos veces* (1837). Edgar Allan Poe (1809-1849), con quien nace el cuento contemporáneo, en palabras de Julio Cortázar. Herman Melville (1819-1891), autor de la genial novela *Moby Dick* (1851) y de relatos largos como *Billy Budd* y *Bartleby. Mark Twain* (1835-1910), el conocido autor de *Las aventuras de Tom Sawyer* (1876) y de otros muchos cuentos admirables. Francis Bret Harte (1836-1902), célebre por sus *Cuentos del Oeste.* Ambrose Bierce (1842-1914?), autor de *Cuentos de soldados y civiles* (1891). Henry James (1843-1916). O'Henry (1862-1910). Jack London (1876-1916). Stephen Crane (1871-1900), etc.

RUSIA

A. S. Puschkin (1799-1837). Iván Turgueniev (1818-1883), autor de *Cuentos de un cazador* (1847-1851). Alejandro Afanásiev (1826-1871), importante folclorista ruso que recogió del pueblo relatos tradicionales y los publicó en ocho volúmenes en su famosa recopilación *Cuentos populares rusos* (1855-1864)[7]. León Tolstoi (1828-1910), autor de grandes novelas como *La guerra y la paz* (1865-1869), *Ana Karenina* (1873-1876), de relatos, como *La muerte de Iván*

[7] Vid. AFANÁSIEV, *Cuentos populares rusos,* I, II y III, Madrid, Ediciones Generales Anaya.

Ilich, y de *Cuentos para niños* adoptados como libros de lectura en las escuelas rusas. Antón Chéjov (1860-1904), importante dramaturgo y prolífico cuentista, de quien Baquero Goyanes llega a afirmar que posiblemente es el supremo maestro del género.

España

Fernán Caballero (1796-1877), seudónimo de Cecilia Böhl de Faber, es la precursora de la gran novela realista española. Inicia en España la recogida de cuentos populares que no los transcribe tal como los oía sino que los arregla a su gusto. En 1859 publica *Cuentos y poesías andaluces.* Antonio de Trueba (1819-1889), novelista, poeta y autor de numerosas colecciones de cuentos de tipo popular, muy famosos en su tiempo. Juan Valera (1824-1905), importante novelista, publica, en la línea de Fernán Caballero, *Cuentos y chascarrillos andaluces* (1896). Es autor de numerosos cuentos, algunos originales y otros versiones particulares de cuentos japoneses: *El pájaro verde, El pescadorcito Urashima, El espejo de Matsuyama,* etc. Pedro Antonio de Alarcón (1833-1891), novelista, autor de *El sombrero de tres picos* (1875), una de las mejores novelas cortas de nuestra literatura. Publicó tres colecciones de cuentos: *Historietas nacionales* (1881), *Cuentos amatorios* (1881) y *Narraciones inverosímiles* (1882), donde se incluyen cuentos tan famosos como *El carbonero alcalde, La buenaventura, El clavo* y *El amigo de la muerte.* Gustavo Adolfo Bécquer (1836-1870). Emilia Pardo Bazán (1851-1921), la gran novelista gallega, es una de las cimas del relato español de este siglo. Sus numerosos cuentos están recogidos en diversos libros, *Cuentos escogidos, Cuentos de Marineda* (1892), *Cuentos nuevos, Cuentos de amor* (1898), *Cuentos trágicos* (1916), etc. Leopoldo Alas *Clarín* (1852-1901), el autor de *La Regenta,* forma con Alarcón y la Pardo Bazán la tríada de los más importantes cuentistas españoles del XIX. Entre sus novelas cortas destaca *Doña Berta* (1892) y entre los cuentos, *Pipá* (1879) y *¡Adiós, Cordera!* (1892), uno de los más bellos cuentos de nuestra literatura.

El siglo XX

El cuento literario que nace y se desarrolla durante el siglo XIX, alcanza en el XX una plena maduración, y evoluciona, al mismo tiempo, hacia formas nuevas, como indicaremos más adelante. Se puede afirmar que casi todos los narradores importantes de este siglo, algunos con mayor énfasis que otros, cultivan el relato. Hay que señalar el extraordinario auge de la *short story* en Norteamérica y, en general, en el ámbito cultural anglosajón.

Por lo que a nosotros concierne, aparte de los buenos cuentistas españoles, desde autores del 98 a narradores de las generaciones o grupos de postguerra y actuales, hay que centrar la atención en los países hispanoamericanos donde se produce una de las más logradas floraciones del cuento literario. Da la impresión de que los escritores iberoamericanos encuentran en este género narrativo la forma idónea para manifestar el complejo mundo que les rodea; casi se podría hablar de una «necesidad de expresión» como individuos pertenecientes a una realidad sociohistórica en formación, lo que hace que el cuento literario sea, en conjunto, la forma narrativa más y mejor utilizada. Todos los países de la zona ofrecen, además de la preocupación por el cuento popular, materializada en los numerosos estudios y colecciones publicadas, sorprendentes muestras literarias del relato breve.

Como nos es imposible estudiar, ni siquiera de una manera general, la copiosa e importante producción cuentística de este siglo, preferimos remitirnos al repertorio bibliográfico incluido al final de este estudio, donde se pretende proporcionar una misión orientativa, aunque necesariamente incompleta.

Antes de terminar, nos parece justo citar, con relación a España, el nombre de Aurelio M. Espinosa que, en 1946, publica en Madrid, en tres volúmenes, *Cuentos populares españoles.* Es nuestra mejor colección de cuentos populares, recogidos directamente en las diversas regiones españolas. A diferencia de las versiones un tanto literarias de Fernán Caballero y sus continuadores, Espinosa transcribe fidedignamente las narraciones del pueblo, respetando el lenguaje con sus modismos, incorrecciones y dialectalismos [8].

2 EL CUENTO POPULAR Y EL CUENTO LITERARIO

El cuento

Cuento, etimológicamente, proviene de *contar* (del latín *computare,* que originariamente significaba contar numéricamente). De enumerar objetos se pasa a reseñar y describir acontecimientos, reales al principio y fingidos después. En el *Diccionario de la Real Academia de la Lengua Española,* aparece *cuento,* en su tercera acepción, como: «breve narración de sucesos ficticios y de carácter sencillo, hecha con fines morales o recreativos».

Dentro de la división clásica de los géneros literarios, el cuento se incluye, con la novela —de la que se distinguirá no solamente por la extensión, como veremos más adelante—, dentro de las formas en prosa de la épica (narración, de manera objetiva, de una serie de acontecimientos externos al autor).

La palabra *cuento* plantea en la literatura española un problema terminológico que vamos a intentar sintetizar [9]. Las antiguas narraciones breves castellanas empleaban para su denominación una serie de términos diversos, entre los que no se solía encontrar la palabra *cuento:* fábula, enxiemplo, apólogo, proverbio, etc. Más adelante aparece la palabra *novela* (diminutivo del latín *nova;* en italiano *nuova* y *novella* con el significado de breve noticia, pequeña historia) para

[8] La colección Austral (núm. 585) de la Editorial Espasa-Calpe, tiene publicada una selección, con el mismo título, de la obra de Espinosa. Recientemente ha sido editada una importante recopilación de cuentos populares españoles: A. R. ALMODÓVAR, *Cuentos al amor de la lumbre,* 2 vols., Madrid, Ediciones Generales Anaya.

[9] Para una exposición más amplia y pormenorizada véase M. BAQUERO GOYANES, *El cuento español en el siglo XIX,* Madrid, C.S.I.C., 1949, p. 73, y, especialmente, *¿Qué es el cuento?,* Buenos Aires, Columba, 1967, pp. 11 y ss.

designar no sólo las narraciones extensas, sino también las más breves que hoy denominamos novelas cortas y cuentos.

Novela llegará a designar las narraciones «escritas» cortas y se empezará a emplear *cuento* para las narraciones cortas de tono popular y carácter «oral», y también para los chistes, anécdotas, refranes, etc. En épocas ya posteriores, *novela* definitivamente se reservará para las narraciones literarias extensas.

En el Romanticismo, *cuento* se emplea para las narraciones versificadas o en prosa, de carácter popular, legendario o fantástico, aun cuando para estas últimas se utilizasen también los términos *leyenda, balada,* etc.

La situación actual es la siguiente: se designa la narración corta con dos términos diferenciados, *cuento popular* y *cuento literario,* y se reserva la denominación *novela corta* para la narración intermedia —en cuanto a extensión— entre *novela* y *cuento literario.*

El cuento popular

El cuento popular pertenece al folclore, es decir, al «saber tradicional del pueblo», juntamente con los usos y costumbres, los juegos, fiestas, bailes, canciones, etc., y dentro de ese folclore se sitúa en lo que se denomina literatura popular o tradicional, al lado de las coplas, romances, etc.

El cuento popular nace y se desarrolla en una tradición y se transmite oralmente. En nuestros días se ha perdido gran parte del prestigio y de la fuerza de la palabra hablada, pero durante milenios la palabra desnuda fue el único vehículo de transmisión, y todavía hoy, en muchos lugares, conserva su fuerza.

El cuento popular es anónimo. Indudablemente que tuvo un autor inicial, pero ese autor desapareció porque la comunidad adoptó el cuento como suyo, se identificó y se sintió en él, y desde ese momento se convirtió en un bien mostrenco, patrimonio colectivo de todos los miembros del pueblo. Dentro de ese circuito de la tradición, al pasar oralmente de generación en generación, el cuento se revestirá de diferentes versiones, manteniendo un fondo común. La tradición étnica y cultural impone a cada cuento su sello, y el mismo narrador le imprime su manera propia y su estilo.

Mucho se ha escrito sobre el origen de los cuentos populares. Simplificando mucho, se puede hablar de la hipótesis de un origen común con la posterior difusión y préstamo. Otra teoría defiende un origen múltiple, un nacimiento independiente en diferentes lugares y tiempos, apoyándose en el principio de la esencial unidad del pensamiento y del sentimiento humanos.

Sin entrar en la cuestión, lo que sí se puede afirmar, en cualquier caso, es el carácter viajero de los cuentos populares —«viajeros del tiempo, del espacio y de las culturas»—. Como dice Juan Alcina Franch,

> lo más sobresaliente en la vida del cuento lo encontramos en su difusión en el espacio. De forma muchas veces imprevista, el cuento nacido en una determinada comunidad, pasa a otra y a otra hasta llegar a un lugar muy apartado de su origen. Múltiples versiones recogidas en diversas partes del mundo nos dan curiosas variantes que enmascaran y confunden la forma original [10].

Por esta razón dos célebres especialistas, Aarne y Thompson, han estudiado los tipos de los cuentos populares de todo el mundo, y han demostrado cómo se repiten los motivos o temas fundamentales desde las antiguas narraciones —las indias en concreto— a las modernas, y en sitios muy distintos. Siguiendo a Roger Pinon [11], podemos afirmar que el cuento popular no se localiza ni el tiempo ni en el espacio. El tema se desarrolla en torno a un héroe, esencialmente errante, que se encuentra con sucesivos obstáculos o enemigos y siempre, al final, los vence.

Los personajes del cuento no son caracteres, sino tipos esquemáticos, totalmente buenos o totalmente malos, no tienen vida interior y actúan mecánicamente en virtud de la causalidad mágica.

En cuanto al estilo, presenta los siguientes rasgos: nom-

---

[10] J. ALCINA FRANCH, Estudio preliminar a *El Conde Lucanor y otros cuentos medievales,* Barcelona, Bruguera, 1978², p. 9.

[11] Roger PINON, *El cuento folklórico,* Buenos Aires, Eudeba, 1965, pp. 34 y ss. Este librito es una introducción muy clara a la problemática moderna del cuento popular.

bra las cosas sin describirlas, abundan las fórmulas hechas —iniciales, internas y finales—; se repiten casi mecánicamente situaciones análogas, el relato progresa linealmente; a veces aparecen pluralidad de episodios, pero cada uno preparando el siguiente. Todo se subordina a la acción —de ahí la falta de descripciones, la esquematización de caracteres ya aludida, etc.—. La forma del cuento popular, además de rápida, sin dilaciones, a la búsqueda siempre de la brevedad, es sencilla y directa sin ningún tipo de artificios.

La finalidad del cuento popular se puede concentrar en tres direcciones. La primera está destinada a satisfacer las siguientes capacidades y necesidades humanas: distracción y curiosidad, evasión, fantasía y emoción. La segunda, en muchos casos, se dirige a enseñar mediante la narración oral algo con relación a cualquier aspecto de la vida. Por fin, la tercera pretende hacer participar al oyente en una parcela del patrimonio cultural del pueblo e incorporarlo a la comunidad. Todo ello explica la variedad de cuentos: maravillosos, religiosos, novelescos, humorísticos, sentimentales, moralizantes, etc.

Antes de terminar, conviene señalar la importancia del cuento popular en la literatura universal culta y en particular en la española, tema estudiado entre otros, por María Rosa Lida, Marcel Bataillon y Maxime Chevalier [12]. El *Libro de Buen Amor, El Lazarillo de Tormes* y *El Quijote,* por sólo citar tres obras maestras de nuestra literatura, incluyen, de diferentes maneras, numerosos cuentos tradicionales. Los cuentos populares son, en palabras de Jorge B. Rivera,

> partes sustanciales de la experiencia humana, componentes vivos que realimentan constantemente —en un matizado y fascinante despliegue de contactos, de préstamos y reelaboraciones— a los circuitos culturales más variados y dispares [13].

---

[12] Vid. M. R. Lida de Malkiel, «El cuento popular hispanoamericano y la literatura» y «Función del cuento popular en el Lazarillo de Tormes», en *El cuento popular y otros ensayos,* Buenos Aires, Losada, 1976. Marcel Bataillon, *Novedad y fecundidad del Lazarillo de Tormes,* Madrid, Anaya, 1973. Maxime Chevalier, *Folklore y literatura: el cuento oral en el Siglo de Oro,* Barcelona, Crítica, 1978.

[13] J. B. Rivera, Nota preliminar a *El cuento popular,* Buenos Aires, Centro Editor de América Latina, 1977, p. 15.

El cuento literario

Antes del siglo XIX el cuento se manejaba —como dice Baquero Goyanes— sin plena conciencia de su importancia como género literario con personalidad propia. Era un «género menor» del que no se sospechaban las posibilidades de belleza, emoción y humanidad que podía contener su brevedad. Hubo buenos cuentistas, individualmente considerados, con sello personal, pero fueron casos aislados que sorprendían como destellos en medio de un monótono y grisáceo panorama. Lo que no había, desde luego, era una tradición cuentística plenamente cuajada, como la conseguida a partir del siglo XIX.

El cuento como expresión literaria autónoma y definida es una de las conquistas más hermosas de un siglo tan importante en la narrativa como el XIX. Partiendo de los grandes cuentistas de este siglo —Poe, Maupassant o Chéjov—, que crean personalmente pequeños pero intensos mundos narrativos sobre temas muy distintos y con un definido empeño artístico, denominamos *cuento literario* al relato breve moderno escrito por un autor.

La diferencia con el *cuento popular* es patente. Frente a la tradición oral, la anonimia, el carácter de «bien de todos», la universalidad, las variantes, la simplicidad y esquematización, etc., del *cuento popular,* el *cuento literario* será creado y puesto en pie con una forma escrita específica, esa y no otra, por un autor con nombres y apellidos, que intentará, mediante la forma narrativa breve, transmitirnos sus vivencias personales, enmarcadas en un «aquí» y «ahora» concretos.

¿Y qué diferencia existe entre estos *cuentos literarios* y los de los grandes cuentistas medievales o renacentistas? Hace un momento apuntábamos la adquisición de la tradición cuentística moderna que antes no existía. Podemos añadir también la diferencia entre el cuento concebido dentro de una «colección» y la posibilidad y pleno sentido del cuento aislado moderno. Aparte de otros muchos aspectos —por ejemplo, las lógicas variaciones y distintas concepciones del estilo y de las técnicas narrativas—, debemos señalar como un punto diferenciador importante la originalidad, ampliación y enriquecimiento temático del *cuento literario:* son las vivencias, sentimientos e ideas del autor y todas las preocupaciones del complejo mundo en que vive, las que entran de lleno, como un torrente al que no se le quiere poner dique, en el *cuento literario.* Quedan muy atrás aquellos apólogos, fábulas, chistes y agudezas medievales o clásicas que provenían de narraciones anteriores, lugares comunes repetidos de una u otra manera, aunque, como hemos dicho, a veces con acierto. No olvidemos que la originalidad no era precisamente un valor en aquellos siglos.

Otra diferencia está en la intención. El *cuento literario* se sacudirá enérgicamente los propósitos didácticos o moralizantes —encubiertos de una u otra manera—, satíricos o de pura diversión desenfadada, propios de los autores medievales o renacentistas, se librará —repetimos— de esas intenciones «exclusivas» para dar paso a la omnímoda libertad de creación del autor moderno.

Es importante subrayar cómo el cuento, siendo el género más antiguo del mundo, es el que más tardíamente alcanzó consolidación literaria. Ya en su tiempo Juan Valera se dio cuenta de esto: «Habiendo sido todo cuento al empezar las literaturas, y empezando el ingenio por componer cuentos, bien puede afirmarse que el cuento fue el último género literario que vino a escribirse». Baquero Goyanes incide en ello afirmando que el cuento apareció en el momento oportuno como género nuevo, nacido para una sensibilidad nueva también, refinada, propia de un siglo XIX febrilmente entregado a la literatura.

Supuestas las diferencias indicadas y la realidad de este «advenedizo», vamos a centrarnos directa y exclusivamente en él, en el *cuento literario,* aunque de algunas de las afirmaciones que vayamos realizando puedan participar también las otras modalidades del cuento.

La limitación del cuento a una extensión corta, la necesidad de que provoque, con esa forma breve, una impresión indivisa sobre el lector, a la que deben estar subordinados todos los aspectos, explican y exigen el primer elemento esencial de este género: la *síntesis.* Síntesis significa reducción, eliminación y depuración para dejar lo que es absolutamente necesario. Síntesis desde el tema claramente delimitado y el núcleo argumental bien definido, porque debe ser fácilmente recordado y contado —imprescindible en todo cuento—; síntesis en el modo de narrarlo —eliminada toda retórica deliberada—, en los diálogos, descripciones, caracterización de personajes, etc. Supresión, para terminar, de todo lo superfluo, como exordios, digresiones, ideas intermedias, etcétera, porque lo que se pretende es «enganchar» desde el comienzo al lector y llevarle irremisiblemente al centro narrativo donde se encuentre sólo con «el cordial latido del autor».

Julio Cortázar, indagando en este mismo tema, define la *significación,* la *intensidad* y la *tensión* como los tres elementos sustanciales del buen cuento literario [14]. Con respecto a la *significación,* dice que

> un cuento es significativo cuando quiebra sus propios límites con esa explosión de energía espiritual que ilumina bruscamente algo que va mucho más allá de la pequeña y a veces miserable anécdota que cuenta.

Y un poco más adelante continúa:

> La idea de significación no puede tener sentido si no la relacionamos con las de intensidad y de tensión, que ya no se refieren solamente al tema sino al tratamiento literario de ese tema, a la técnica para desarrollar el tema.

Una vez que el autor tiene un tema «significativo», necesita la forma definitiva para poder llevar esa significación inicial hasta el lector y producir, de esta manera, la comunicación literaria. Esto supone

> lograr ese clima propio de todo gran cuento, que obliga a seguir leyendo, que atrapa la atención, que aísla al lector de todo lo que le rodea para después, terminado el cuento, volver a conectarlo con su circunstancia de una manera nueva, enriquecida, más honda o más hermosa.

Se necesita, en resumen, un estilo en el que los elementos formales y expresivos se ajusten, como el guante a la mano, a la índole del tema y que de esta manera el cuento se convierta en algo único, inolvidable y definitivo. Esto se consigue, en primer lugar, con la *intensidad,* entendida ésta

---

[14] Julio Cortázar, «Algunos aspectos del cuento», en *La casilla de los Morelli,* Barcelona, Tusquets, 1981[3], p. 139 y ss.

como «la eliminación de todas las ideas o situaciones intermedias, de todos los rellenos o fases de transición que la novela permite e incluso exige».

Íntimamente unida a la intensidad aparece el otro elemento: la *tensión,* que consiste en la imposibilidad de sustraernos a la atmósfera que va creando el cuento, sin darnos un momento de tregua. El mismo Cortázar, en un conocido texto perteneciente a otro artículo suyo [15] escribe magistralmente:

> Quizá el rasgo diferencial más penetrante [del cuento] sea la tensión interna de la trama narrativa. De una manera que ninguna técnica podrá enseñar o proveer, el gran cuento breve condensa la obsesión de la alimaña, es una presencia alucinante que se instala desde las primeras frases para fascinar al lector, hacerle perder contacto con la desvaída realidad que le rodea, arrasarlo a una sumersión más intensa y avasalladora. De un cuento así se sale como de un acto de amor, agotado y fuera del mundo circundante, al que se vuelve poco a poco con una mirada de sorpresa, de lento reconocimiento, muchas veces de alivio y tantas otras de resignación.

Tema «significativo» desarrollado con intensidad y tensión, he aquí las características cortazarianas del cuento literario que, si las tiene, hará blanco en el lector y permanecerá para siempre en su memoria [16].

Para terminar de configurar el siempre difícil y escurridizo concepto de *cuento literario,* vamos ahora a relacionarlo primeramente con una serie de relatos breves en prosa cercanos a él, en segundo lugar con la novela y por fin con la poesía. Recogemos en síntesis parte del mencionado estudio de Baquero Goyanes.

Con respecto a las *leyendas y tradiciones,* Baquero Goyanes opina que no es necesario establecer diferencias entre el cuento y aquéllas, porque se trata de un asunto de pura clasificación temática. Como existen cuentos humorísticos, trágicos, sociales, los hay también legendarios, fantásticos, etcétera. Esto hay que entenderlo así a partir del Romanti-

---

[15] J. Cortázar, «Del cuento breve y sus alrededores», en *Último Round,* México, Siglo XXI, 1969, p. 109.

[16] Vid. como ejemplo de ello, dos cuentos de nuestra selección: *El corazón delator* de E. Allan Poe y *La pata de mono,* de W. W. Jacobs.

cismo, y un ejemplo podrían ser las *Leyendas* de Gustavo Adolfo Bécquer, la mayoría de las cuales nadie duda en considerar verdaderos cuentos literarios de tema legendario.

La confrontación del cuento con el *artículo de costumbres* resulta más compleja. Aunque en principio parecen géneros separados, sin embargo, hay cuentos que inciden plenamente en lo costumbrista y artículos de costumbres que pueden parecer cuentos. Según el citado autor, el criterio de delimitación puede basarse, en líneas generales, en la distinta proporción que en el texto tengan el argumento y la descripción detallista, pintoresca o satírica de tipos y costumbres. Si prevalece lo primero hay una aproximación al cuento; si lo segundo, al artículo de costumbres. Según afirma Baquero Goyanes:

> En el cuento importan más otros componentes: la vibración emocional, la tensión narrativa dada por la índole del argumento o de la situación, el transfondo poético que a veces se da en sus pocas páginas... [...] [El cuento literario] «es fundamentalmente argumento. En la intensidad de su breve trama radica su fuerza y su eficacia estética. Cuando el cuento se carga de elementos descriptivos, de notas satíricas, suele acercarse a la forma propia del artículo de costumbres [17].

El *poema en prosa* aparece en el Romanticismo y posteriormente quedará unido a nombres como Baudelaire (*Petits poèmes en prose,* 1869) y a Rimbaud (*Les Illuminations,* 1886). En la literatura castellana podemos citar como ejemplos señeros algunas de las *Leyendas* de Bécquer —por ejemplo, «La creación (Poema indio)», 1861—, los relatos en prosa que Rubén Darío incluye en *Azul* (1888) —tal «El velo de la reina Mab»—, *Platero y yo* (1914-1917), de Juan Ramón Jiménez, y *Ocnos* (1940-1963) y *Variaciones sobre tema mexicano* (1949-1950), de Luis Cernuda.

Para Baquero Goyanes los principales rasgos distintivos del poema en prosa —ritmo, lenguaje, sonoridad, transposición musical; es decir, la llamada «escritura artística»— son los que mejor lo diferenciarían del verdadero cuento, que, si los tiene, no es porque el cuentista se lo haya propuesto como objetivo fundamental. El citado estudioso termina diciendo que

---

[17] M. Baquero Goyanes, *¿Qué es el cuento?,* cit., pp. 38-39.

quizás una fórmula simplista que nos permita diferenciar con claridad ambos géneros, cuento y poema en prosa, consista en lo siguiente: cuando podemos resumir el asunto, el contenido de un relato breve en prosa (cuando podamos «contarlo») es que, indudablemente, estamos ante un «cuento». Cuando no sea posible o, por lo menos, no resulte fácil tal experiencia, puede suponerse que lo que tenemos delante es un «poema en prosa» [18].

La *novela corta* se diferencia del cuento por la extensión. Está a medio camino entre el cuento y la novela extensa. Baquero Goyanes afirma que es una lástima que no haya prevalecido la denominación de «cuento largo» para lo que hoy entendemos por «novela corta», por estar este género más vinculado al cuento que a la novela extensa. Al igual que el cuento, la novela corta «ha de actuar en la sensibilidad del lector con la fuerza de una sola, aunque más prolongada, vibración emocional». No se trata de un «cuento dilatado» sino de un «cuento largo» que por su índole temática necesita para su desarrollo más extensión que el relato breve.

La confrontación más frecuente es la del cuento con la *novela* extensa. Las diferencias no solamente están en sus dimensiones, en las distintas técnicas narrativas, en el uso o eliminación de los «componentes accesorios», sino especialmente en el carácter de sus argumentos. Dice Baquero Goyanes que no es elogioso para un cuento afirmar de él que puede convertirse en una novela, simplemente ampliándolo. «Si de una narración breve sacamos la impresión de que allí hay en potencia una gran novela, es muy probable que estemos ante un mal cuento, ante una novela frustrada» *(ibídem).* Y termina con la siguiente cita de Henry Mèrimèe (1925):

La novela persigue la aventura de que se trata desde sus orígenes a sus últimas consecuencias; es, en muchos aspectos, una «crónica», es decir un relato cronológico cuyo plano se modela sobre el orden mismo de los acontecimientos y cuya exactitud no admite omisiones ni reducciones. El cuento y la novela corta buscan sus temas entre aquellos cuyas crisis, por su rapidez, exigen la brevedad; simplifican, condensan, proceden por omisión más bien que por desarrollo; proyectan su luz

[18] *Idem, ibídem,* p. 41.

sobre algunas circunstancias de una situación, no constituyen ningún gran cuadro, sino una miniatura exactamente dibujada[19].

Cuando se habla de un tema tan sugerente como el de las relaciones entre cuento y *poesía* lírica, no se pretende mezclar dos géneros literarios bien distintos o pensar que el cuento sea un tipo especial de lírica. Lo que se intenta es hacer ver cómo el cuento literario, con las características específicas de las que venimos hablando, se acerca de alguna manera al campo de la creación poética en cuanto a su propia génesis y en cuanto a los efectos que su lectura puede producir.

La génesis del cuento, que, según sus propios creadores, con frecuencia es rápida e instantánea como una iluminación, se asemeja a la de la poesía. Con relación a los efectos producidos, Baquero Goyanes escribe en sus tantas veces mencionado trabajo:

> Muchas veces las sensaciones y sentimientos que un cuento despierta en nosotros no andan muy lejos de los que nos provoca la lectura de ciertas poesías líricas. Se trata de algo que no afecta propiamente la forma ni los temas, sino más bien lo que podríamos considerar el «tono».

Este tono, sin que sea el que crea la poesía lírica, se aproxima a él. Las emociones que muchos buenos cuentos suscitan en el lector son muy distintas de las que pueda comunicar una novela: «por su efecto entre deslumbrador y quemante son de tono muy parecido a las que suele producirnos la lectura de ciertos poemas líricos».

Partiendo de estas consideraciones, Baquero Goyanes propone, en pocas líneas, el siguiente intento de definición del *cuento literario:*

> El cuento es un preciso género literario que sirve para expresar un tipo especial de emoción, de signo muy semejante a la poética, pero que no siendo apropiada para ser expuesta poéticamente, encarna en una forma narrativa próxima a la de la novela, pero diferente de ella en técnica e intención. Se trata, pues, de un género intermedio entre poesía y novela, apresador de un matiz semipoético, seminovelesco, que sólo es expresable en las dimensiones del cuento[20].

[19] *Idem, ibídem*, pp. 46-48.
[20] *Idem, ibídem,* p. 57.

Antes de terminar este rápido bosquejo sobre el *cuento literario,* es conveniente detenerse y hacer una consideración final. Hemos visto el cuento como un género bastante definido dentro de su evidente complejidad, y se puede afirmar que hasta «clásico» a partir de los grandes modelos del siglo XIX. Sin embargo, en nuestros días se puede observar cómo muchos relatos breves, considerados como cuentos, no encajan exactamente en las coordenadas trazadas. Se trata de cuentos con finales abruptos que producen una sensación de fragilidad, como de algo inconcluso, pero, al mismo tiempo, llenos de las posibilidades sugerentes de lo que, a propósito, se deja «abierto». Más aún: en nuestra época observamos con cierta frecuencia la falta de argumento, ingrediente imprescindible del cuento «clásico». Baquero Goyanes les da el nombre de *cuento-situación (narración-situación* frente a *narración-argumento).*

Creemos que con esto lo que se demuestra una vez más es que el cuento, como cualquier otro género literario, no es algo monolítico y apriorísticamente determinado, sino que evoluciona, dependiendo del gusto y de la sensibilidad, hacia formas nuevas. En nuestra selección hemos incluido, intencionadamente algún ejemplo de esta nueva e interesante dirección del *cuento literario.*

BIBLIOGRAFÍA FUNDAMENTAL COMENTADA

a) Bibliografía sobre el cuento literario

BAQUERO GOYANES, Mariano, *El cuento español en el siglo XIX,* Madrid, C. S. I. C., 1945.

Es el estudio más completo y exhaustivo sobre este tema. Aparte del rastreo bibliográfico de autores y cuentos, analiza la abundante producción y precisa este género literario.

——, *¿Qué es el cuento?,* Buenos Aires, Columba, 1967.

Se trata de un librito que desde su publicación se ha convertido en un manual de obligada referencia sobre el tema del cuento literario. Precisiones terminológicas, el cuento en el siglo XIX, relación con los géneros próximos, etc.; todo ello expuesto breve y claramente.

CORTÁZAR, Julio, «Algunos aspectos del cuento», *Casa de las Américas,* La Habana, año II, núms. 15-16, noviembre, 1962-febrero 1963; citado por *La casilla de los Morelli,* ed. Julio Ortega, Barcelona, Tusquets, 1981 pp. 133-152.

——, «Del cuento breve y sus alrededores», en *Ultimo round,* México, Siglo XXI, 1969; citado por *La casilla de los Morelli,* cit., pp. 105-116.

Son dos importantes artículos en los que el gran cuentista argentino reflexiona sobre el cuento literario desde su propia y siempre sugerente vivencia personal del tema.

EL CUENTO HISPANOAMERICANO CONTEMPORÁNEO. ANTOLOGÍA, ed. Benito Varela, Tarragona, Ediciones Tarraco, 1976.

Además de una buena antología, con introducción a cada uno de los autores y breves comentarios de los relatos seleccionados, es interesante el estudio preliminar.

SERRA, Edelweis, *Tipología del cuento literario,* Madrid, Cupsa Editorial, 1978.

La autora, en una aproximación al cuento literario hispanoamericano, investiga sus principales rasgos distintivos para describir e interpretar las dominantes poéticas que lo individualizan y esbozar su tipología.

LANCELOTTI, Mario A., *De Poe a Kafka para una teoría del cuento, Buenos Aires, Eudeba,* 1974 [3].

El autor se propone mostrar la evolución del cuento literario, desde Poe a Kafka, y ofrecer una teoría, analizando la estructura en que este género se basa.

b) Repertorio selecto de libros de cuentos

Ofrecemos, solamente a título orientativo, una muestra de libros de *cuentos literarios* de los siglos XIX y XX. Los criterios seguidos han sido la calidad literaria, el público al que va dirigido este libro y la referencia a ediciones fácilmente accesibles. (Con frecuencia se han hecho reediciones, por lo cual no indicamos fecha de publicación, sino tan sólo ciudad * y editorial.) Hemos excluido de este repertorio los libros a los que pertenecen los cuentos de nuestra selección, citados en su momento. Nos ha parecido más didáctico ordenar este repertorio bibliográfico en tres grupos: autores españoles, autores hispanoamericanos y autores extranjeros. Dentro de cada división seguimos un orden cronológico, según los años de nacimiento de los autores.

Autores españoles

VALERA, Juan (1824-1905), *El pájaro verde,* B., La Gaya Ciencia.
ALARCÓN, Pedro Antonio de (1833-1891), *La Comendadora, El clavo y otros relatos,* M., Cátedra.
——, *Historietas Nacionales,* M., Espasa-Calpe.
——, *Narraciones inverosímiles,* B., Bruguera.
PEREDA, José María de (1833-1906), *La leva y otros cuentos,* M., Alianza.
PARDO BAZÁN, Emilia (1851-1921), *El destripador de antaño y otros cuentos,* M., Alianza.
ALAS «CLARÍN», Leopoldo (1852-1901), *¡Adiós Cordera! y lo demás son cuentos,* M., Ediciones Generales Anaya.
——, *Cuentos morales,* M., Alianza.
BLASCO IBÁÑEZ, Vicente (1867-1928), *Cuentos valencianos,* B., Plaza Janés.
BAROJA, Pío (1872-1956), *Cuentos,* M., Alianza.
MIRÓ, Gabriel (1879-1930), *Del vivir. Corpus y otros cuentos,* B.A., Losada.
DIESTE, Rafael (1899-1981), *Historias e invenciones de Félix Muriel,* M., Alianza.
AYALA, Francisco (1906), *El Hechizado y otros cuentos,* M., Magisterio Español.

---

* Las ciudades citadas con más frecuencia se indican con estas abreviaturas: B=Barcelona, B. A.=Buenos Aires, M=Madrid.

——, *La cabeza del cordero,* M., Cátedra.
Sánchez Silva, José María (1911), *Marcelino Pan y Vino. La burrita Non,* M., Espasa-Calpe.
Cela, Camilo José (1916), *Café de artistas y otros cuentos,* B., Bruguera.
——, *El bonito crimen del carabinero,* B., Bruguera.
——, *El espejo y otros cuentos,* M., Espasa-Calpe.
García Pavón, Francisco (1916), *Cuentos,* 2 vols., M. Alianza.
Delibes, Miguel (1920), *Viejas historias de Castilla La Vieja,* M., Alianza.
——, *La mortaja,* M. Alianza.
Ferres, Antonio (1924), *Cuentos,* M., Alianza.
Aldecoa, Ignacio (1925-1969), *Cuentos completos,* 2 vols., M., Alianza.
——, *Cuentos,* M. Cátedra.
Matute, Ana M.ª (1925), *Algunos muchachos,* B., Destino.
Martín Gaite, Carmen (1925), *Cuentos completos,* M., Alianza.
Fernández Santos, Jesús (1926), *Cuentos completos,* M., Alianza.
García Hortelano, Juan (1928), *Cuentos completos,* M., Alianza.

Autores hispanoamericanos

Quiroga, Horacio (1878-1937, uruguayo), *Cuentos de amor, de locura y de muerte,* B.A., Losada.
——, *Cuentos de la selva,* M., Ediciones Generales Anaya.
——, *Anaconda,* B.A., Losada.
——, *El desierto,* B.A., Losada.
Güiraldes, Ricardo (1886-1927, argentino), *Rosaura y siete cuentos,* B.A., Losada.
Gallegos, Rómulo (1889, venezolano), *La rebelión y otros cuentos,* M., Espasa-Calpe.
——, *Cuentos venezolanos,* B.A., Espasa-Calpe.
Borges, Jorge Luis (1899, argentino), *Narraciones,* M., Cátedra.
——, *El aleph,* M., Alianza.
——, *El hacedor,* M., Alianza.
——, *El informe de Brodie. Historia universal de la infamia,* B., Plaza Janés.
Carpentier, Alejo (1904-1980, cubano), *Cuentos completos,* B., Bruguera.
Uslar Pietri, Arturo (1906, venezolano), *El prójimo y otros cuentos,* B., Bruguera.
——, *Moscas, árboles y hombres,* B., Planeta.
Arguedas, José M.ª (1911-1969, peruano), *Relatos completos,* B.A., Losada.
Bioy Casares, Adolfo (1914, argentino), *Historias de amor,* M., Alianza.
——, *Historias fantásticas,* M., Alianza.
Cortázar, Julio (1914-1984, argentino), *Los relatos,* 3 vols., M., Alianza.
——, *Ceremonias* (incluye *Final de juego* y *Las armas secretas*), B., Seix Barral.

——, *El perseguidor y otros relatos,* B., Bruguera.
——, *Las armas secretas,* M., Cátedra.
——, *Deshoras,* M., Alfaguara.
García Márquez, Gabriel (1928, colombiano), *Los funerales de la Mama Grande,* B., Bruguera.
——, *El coronel no tiene quien le escriba,* B., Bruguera.
——, *Todos los cuentos* (1947-1972), B., Plaza Janés.
Vargas Llosa, Mario (1936, peruano), *Los Jefes. Los Cachorros,* M., Alianza.
Benedetti, Mario (uruguayo), *Cuentos,* M., Alianza.
Bryce Echenique, Alfredo (1939, peruano), *Cuentos completos,* M., Alianza.

Autores extranjeros

Hoffman, E. T. A. (1776-1822, alemán), *Cuentos,* M., Espasa-Calpe.
——, *El hombre de la arena y otros cuentos,* M., Magisterio Español.
Washington Irving (1783-1859, norteamericano), *Cuentos de La Alhambra,* M., Alianza.
Puschkin, Alejandro S. (1799-1837, ruso), *La dama de los tres naipes y otros cuentos,* M., Espasa-Calpe.
——, *Dubrovski. Los relatos de Belkin,* Estella (Navarra), Salvat.
Merimée, Prosper (1803-1870, francés), *Carmen y otros cuentos,* B., Bruguera.
——, *Mateo Falcone y otros cuentos,* M., Espasa-Calpe.
Hawthorne, Nathaniel (1804-1864, norteamericano), *Cuentos de la nueva Holanda,* M., Espasa-Calpe.
Allan Poe, Edgar (1809-1849, norteamericano), *Cuentos,* 2 vols., M., Alianza.
——, *Cuentos,* B., Planeta.
——, *Narraciones extraordinarias,* Estella (Navarra), Salvat.
Gogol, Nicolás (1809-1852, ruso), *El capote y otros cuentos,* M., Espasa-Calpe.
——, *Cuentos petersburgueses,* B., Bruguera.
De Musset, Alfredo (1810-1857, francés), *Cuentos,* M., Espasa-Calpe.
Dickens, Charles (1812-1870, inglés), *Cuentos de Navidad,* M., Magisterio Español.
Turgueniev, Iván (1818-1883, ruso), *Relatos de un cazador,* M., Espasa-Calpe.
Flaubert, Gustave (1821-1880, francés), *Tres cuentos,* M., Espasa-Calpe.
Tolstoi, León (1828-1910, ruso), *La muerte de Iván Ilich. El diablo. El padre Sergio,* Estella (Navarra), Salvat.
Twain, Marx (1835-1910, norteamericano), *El hombre que corrompió a una ciudad y otros cuentos,* M., Espasa-Calpe.
——, *Un reportaje sensacional y otros cuentos,* M., Espasa-Calpe.
——, *Nuevos cuentos,* M., Espasa-Calpe.
De L'Isle-Adam, Villiers (1838-1889, francés), *Cuentos crueles,* M., Cátedra.

Bret Harte, F. (1839-1902, norteamericano), *Cuentos del Oeste,* M., Espasa-Calpe.
——, *Bocetos californianos,* B., Bruguera.
Daudet, Alphonse (1840-1897, francés), *Cartas de mi molino,* B., La Gaya Ciencia.
——, *Cuentos del lunes,* M., Espasa-Calpe.
Bierce, Ambrose (1842-1914?, norteamericano), *Cuentos de soldados y civiles,* M., Guadarrama.
Stoker, Bram (1847-?, irlandés), *Cuatro veladas con Bram Stoker,* M., Nostromo.
Stevenson, R. L. (1850-1894, inglés), *El diablo de la botella y otros cuentos,* M., Alianza.
Guy de Maupassant (1850-1893, francés), *Bola de sebo y otros relatos,* M., Magisterio Español.
——, *Mademoiselle Fifí y otros cuentos de guerra,* M., Alianza.
——, *El horla y otros cuentos fantásticos,* M., Alianza.
——, *La vendetta y otros cuentos de horror,* M., Alianza.
——, *Mi tío Jules y otros seres marginados,* M., Alianza.
Wilde, Oscar (1956-1900, inglés), *El ruiseñor y la rosa,* M., Espasa-Calpe.
——, *El fantasma de Canterville y otros cuentos,* M., Alianza.
Conrad, Joseph (1857-1924, inglés), *El anarquista y otros relatos,* B., Bruguera.
Conan Doyle, Arthur (1859-1930, inglés), *Cuentos del ring,* M., Nostromo.
——, *Cuentos de médicos,* M., Nostromo.
Chéjov, Antón (1860-1904, ruso), *Primeros relatos,* B., Planeta.
——, *Narraciones,* Estella (Navarra), Salvat.
——, *Los campesinos y otros cuentos,* M., Espasa-Calpe.
——, *La señora del perrito y otros cuentos,* M., Alianza.
——, *La sala número seis y otros cuentos,* M., Espasa-Calpe.
James, M. R. (1862-1936, inglés), *Trece historias de fantasmas,* M., Alianza.
De Giacomo, Salvatore (1862-1934, italiano), *Cuentos napolitanos,* M., Espasa-Calpe.
O'Henry (1862-1910, norteamericano), *Cuentos de Nueva York,* B., La Gaya Ciencia.
Kipling, Rudyard (1865-1936, inglés), *El libro de las tierras vírgenes,* 2 vols., M., Alianza.
Schwob, Marcel (1867-1905, francés), *El rey de la máscara de oro,* B., Bruguera.
Gorki, Máximo (1868-1936, ruso), *Varenka Olesova y otros cuentos,* M., Espasa-Calpe.
Saki (1870-1916, inglés), *El desván y otros relatos,* B., Bruguera.
London, Jack (1876-1916, norteamericano), *El silencio blanco y otros cuentos,* M., Alianza.
——, *Relatos de los Mares del Sur,* M., Alianza.
——, *La quimera del oro,* M., Ediciones Generales Anaya.
——, *Siete cuentos de la patrulla pesquera y otros relatos,* M., Alianza.
Hesse, Hermann (1877-1962, alemán), *Cuentos,* 4 vols., M., Alianza.
——, *A una hora de medianoche,* M., Espasa-Calpe.

AVERCHENKO, Arkady (1881-1925, ruso), *Cuentos,* M., Espasa-Calpe.
KAFKA, Franz (1883-1924, checo), *Relatos completos,* B.A., Losada.
LAWRENCE, D. H. (1885-1930, inglés), *El oficial prusiano y otras historias,* B., Bruguera.
DINESEN, Isak (1885-1962, danesa), *Carnaval,* B., Bruguera.
——, *Anécdotas del destino,* M., Alfaguara.
——, *Siete cuentos góticos,* B., Caralt.
JOYCE, James (1887-1941, irlandés), *Dublineses,* M., Alianza.
LOVECRAFT, H. P. (1890-1937, norteamericano), *Relatos de los mitos de Cthulhu,* 3 vols., B., Bruguera.
HAMMETT, Dashiell (1894-1961, norteamericano), *El agente de la Continental,* M., Alianza.
BABEL, Isaak E. (1894-1941, ruso), *Caballería roja,* B., Bruguera.
——, *Cuentos de Odessa,* M., Alianza.
SCOTT FITZGERALD, F. (1896-1941, norteamericano), *Los relatos de Basil y Josephine,* M., Alianza.
HEMINGWAY, Ernest (1898-1961, norteamericano), *Las nieves del Kilimanjaro,* B., Caralt.
——, *Los asesinos,* B., Caralt.
BRECHT, Bertolt (1898-1956, alemán), *Historias de almanaque,* M., Alianza.
BASHEVIS SINGER, Isaak (1904, norteamericano), *Una boda en Brownsville,* B., Bruguera.
SHOLOJOV, Mijail (1905, ruso), *Cuentos del Don,* M., Alianza.
BUZZATI, Dino (1906-1972, italiano), *Historias de atardecer,* B., Plaza Janés.
BROWN, Fredric (1907-1972), *El ratón estelar y otros relatos,* B., Bruguera.
MORAVIA, Alberto (1907, italiano), *Cuentos romanos,* M., Alianza.
——, *Relatos,* 2 vols., M. Alianza.
PAVESE, Cesare (1908-1950, italiano), *Ciau Masino,* M., Alianza.
BRADBURY, Ray (1920, norteamericano), *El hombre ilustrado,* B., EDHASA.
——, *Las doradas manzanas del sol,* B.A., Minotauro.
——, *El país de Octubre,* B., EDHASA.
——, *Remedios para melancólicos,* B.A., Minotauro.
——, *Cuentos espaciales,* B., Lumen.
VIAN, Boris (1920-1959, francés), *Los perros, el deseo y la muerte,* B., Tusquest.
ASIMOV, Isaak (1920, norteamericano), *Un anillo alrededor del sol,* B., Bruguera.
——, *Compre Júpiter,* B., Bruguera.
CLARKE, Arthur C. (norteamericano), *El viento del sol: Relatos de la era espacial,* M., Alianza.
——, *Cuentos de la Taberna del Ciervo Blanco,* M., Alianza.

NUESTRA SELECCIÓN

Presentamos esta antología de *cuentos literarios cortos* del siglo XIX y XX, que incluye once autores españoles, seis hispanoamericanos y ocho extranjeros. La mayoría de estos veinticinco relatos corresponde a lo que se designa cuento literario «clásico», tal como —a partir del siglo XIX— se entiende ese término que hemos intentado precisar anteriormente. También incluimos el *Apólogo* de Bécquer, como ejemplo de actualización romántica de un viejo género; y algunas muestras de cuentos de autor, pero, tal vez, inspirados en lejanas o más próximas raíces folclóricas. Finalmente, hemos seleccionado varios relatos que se sitúan en la línea —apuntada al final del estudio preliminar— de estampas modernas o *narraciones-situación.*

Queremos, mediante esta antología, ofrecer a profesores y alumnos un amplio muestrario de cuentos de creación, todos ellos «experimentados en clase», que por la brevedad de cada título y por el criterio selectivo desde diversos puntos de vista: temas (fantásticos —de misterio o terror—, costumbristas o realistas, humorísticos, poéticos, de aventuras, amor, ciencia-ficción, etc.), estilos, personajes, estructuras, ambientes, situaciones, épocas, etc., pueda servir como material vivo de trabajo escolar en la asignatura de Lengua y Literatura.

Los principales objetivos que se persiguen son los siguientes:

— Descubrimiento y conocimiento de un género literario fácil y agradable por su interés, variedad y brevedad.

— Preparación y estímulo para la lectura de otro tipo de literatura más amplia y compleja.

— Formación de la sensibilidad e imaginación, al mismo

tiempo que la capacidad crítica y valorativa del alumno, fundamentalmente a través del comentario de texto.

— Motivación de la creación literaria del alumno.

Queremos dejar muy claro que de ninguna manera se ha pretendido una antología según criterios de clasificación —cronológicos, de movimientos o escuelas, de países y autores representativos, etc.—. Se trata únicamente de un conjunto de cuentos muy distintos, que juzgamos interesantes, y que pueden convertirse, como ya hemos dicho, en material didáctico para el trabajo de clase.

Página de *Calila e Dimna,*
colección de cuentos
de origen oriental.

ANTOLOGÍA DE CUENTOS

CUENTOS ESPAÑOLES

José de Espronceda (1808-1842)

Máximo representante del Romanticismo español. Su vida estuvo repleta de todos los ingredientes y peripecias propios de una novela romántica. La obra literaria de Espronceda abarca muchos géneros: novela, teatro, escritos periodísticos, pero su verdadera importancia está en la lírica. Publicó dos famosos poemas extensos, El estudiante de Salamanca *y* El diablo mundo, *y otras muchas poesías más breves.*

Espronceda es un autor independiente y temperamental que, como buen romántico, exalta lo irracional, lo pasional y la libertad.

LA PATA DE PALO

Voy a contar el caso más espantable y prodigioso que buenamente imaginarse puede, caso que hará erizar el cabello, horripilarse las carnes, pasmar el ánimo y acobardar el corazón más intrépido, mientras dure su memoria entre los hombres y pase de generación en generación su fama con la eterna desgracia del infeliz a quien cupo tan mala y tan desventurada suerte. ¡Oh cojos!, escarmentad en pierna ajena y leed con atención esta historia, que tiene tanto de cierta como de lastimosa; con vosotros hablo, y mejor diré con todos, puesto que no hay en el mundo nadie, a no carecer de piernas, que no se halla expuesto a perderlas.

Érase que en Londres vivían, no ha medio siglo, un comerciante y un artífice de piernas de palo, famosos ambos: el pri-

Gustavo Adolfo Bécquer (1836-1870).

Ignacio Aldecoa (1925-1969).

mero, por sus riquezas, y el segundo, por su rara habilidad en su oficio. Y basta decir que ésta era tal, que aun los de piernas más ágiles y ligeras envidiaban las que solía hacer de madera, hasta el punto de haberse hecho de moda las piernas de palo, con grave perjuicio de las naturales. Acertó en este tiempo nuestro comerciante a romperse una de las suyas, con tal perfección, que los cirujanos no hallaron otro remedio más que cortársela, y aunque el dolor de la operación le tuvo a pique de expirar, luego que se encontró sin pierna, no dejó de alegrarse pensando en el artífice, que con una de palo le habría de librar para siempre de semejantes percances. Mandó llamar a Mister Wood * al momento (que éste era el hombre del estupendo maestro pernero), y como suele decirse, no se le cocía el pan, imaginándose ya con su bien arreglada y prodigiosa pierna, que, aunque hombre grave, gordo y de más de cuarenta años, el deseo de experimentar en sí mismo la habilidad del artífice, le tenía fuera de sus casillas.

No se hizo éste esperar mucho tiempo, que era el comerciante rico y gozaba renombre de generoso.

—Mr. Wood —le dijo—, felizmente necesito de su habilidad de usted.

—Mis piernas —repuso Wood— están a disposición de quien quiera servirse de ellas.

—Mil gracias; pero no son las piernas de usted, sino una de palo lo que necesito.

—Las de ese género ofrezco yo —replicó el artífice—, que las mías, aunque son de carne y hueso, no dejan de hacerme falta.

—Por cierto que es raro que un hombre como usted, que sabe hacer piernas que no hay más que pedir, use todavía las mismas con que nació.

—En eso hay mucho que hablar, pero al grano: usted necesita una pierna de palo, ¿no es eso?

—Cabalmente —replicó el acaudalado comerciante—; pero no vaya usted a creer que se trata de una cosa cualquiera, sino que es menester que sea una obra maestra, un milagro del arte.

—¡Un milagro del arte, eh! —repitió Mister Wood.

—Sí, señor, una pierna maravillosa, y cueste lo que costare.

—Estoy en ello: una pierna que supla en un todo la que usted ha perdido.

—No, señor; es preciso que sea mejor todavía.

—Muy bien.

—Que encaje bien, que no pese nada ni tenga yo que llevarla a ella, sino que ella me lleve a mí.

—Será usted servido.

—En una palabra, quiero una pierna..., vamos, ya que estoy en el caso de elegirla, una pierna que ande sola.

—Como usted guste.

—Conque ya está usted enterado.

—De aquí a dos días —respondió el pernero— tendrá usted la pierna en casa, y prometo a usted que quedará complacido.

Dicho esto, se despidieron, y el comerciante quedó entregado a mil sabrosas imaginaciones y lisonjeras esperanzas, pensando que de allí a tres días se vería provisto de la mejor pierna de palo que hubiera en todo el reino unido de la Gran Bretaña.

Entretanto, nuestro ingeniero artífice se ocupaba ya en la construcción de su máquina con tanto empeño y acierto, que de allí a tres días, como había ofrecido, estaba acabada su obra, satisfecho sobremanera de su adelantado ingenio.

Era una mañana de mayo y empezaba a rayar el día feliz en que habían de cumplirse las mágicas ilusiones del despernado comerciante, que yacía en su cama muy ajeno de la desventura que le aguardaba. Faltábale tiempo ya para calzarse la prestada pierna, y cada golpe que sonaba a la puerta de la casa retumbaba en su corazón. «Ese será», se decía a sí mismo; pero en vano, porque antes que su pierna llegaron la lechera, el cartero, el carnicero, un amigo suyo y otros mil personajes insignificantes, creciendo por instantes la impaciencia y ansiedad de nuestro héroe, bien así como el que espera un frac nuevo para ir a una cita amorosa y tiene al sastre por embustero. Pero nuestro artífice cumplía mejor sus palabras, y ¡ojalá que no la hubiese cumplido entonces! Llamaron, en fin, a la puerta, y a poco rato entró en la alcoba del comerciante un oficial de su tienda con una pierna de palo en la mano, que no parecía sino que se le iba a escapar.

—Gracias a Dios —exclamó el banquero—: veamos esa maravilla del mundo.

—Aquí la tiene usted —replicó el oficial—, y crea usted que mejor pierna no la ha hecho mi amo en su vida.

—Ahora veremos —y enderezándose en la cama, pidió de vestir, y luego que se mudó la ropa interior, mandó al oficial de piernas que le acercase la suya de palo para probársela. No tardó mucho tiempo en calzársela. Pero aquí entra la parte más lastimosa. No bien se la colocó y se puso en pie, cuando sin que fuerzas humanas fueran bastantes a detenerla, echó a andar la pierna por sí sola con tal seguridad y rapidez tan prodigiosa que, a su despecho, hubo de seguirla el obeso cuerpo del comerciante. En vano fueron las voces que éste daba llamando a sus criados para que le detuvieran. Desgraciadamente, la puerta estaba abierta, y cuando ellos llegaron, ya estaba el pobre hombre en la calle. Luego que se vio en ella, ya fue imposible contener su ímpetu.

No andaba, volaba; parecía que iba arrebatado por un torbellino, que iba impelido de un huracán. En vano era echar atrás el cuerpo cuanto podía, tratar de asirse a una reja, dar voces que le socorriesen y detuvieran, que ya temía estrellarse contra alguna tapia, el cuerpo seguía a remolque el impulso de la alborotada pierna; si se esforzaba a cogerse de alguna parte, corría el peligro de dejarse allí el brazo, y cuando las gentes acudían a sus gritos, ya el malhadado banquero había desaparecido. Tal era la violencia y rebeldía del postizo miembro. Era lo mejor que se encontraba a algunos amigos que le llamaban y aconsejaban que se parara, lo que era para él lo mismo que tocar con la mano al cielo.

—Un hombre tan formal como usted —le gritaba uno— en calzoncillos y a escape por esas calles, ¡eh!, ¡eh!

Y el hombre maldiciendo y jurando y haciendo señas con la mano de que no podía absolutamente pararse.

Cuál le tomaba por loco, otro intentaba detenerle poniéndose delante y caía atropellado por la furiosa pierna, lo que valía al desdichado andarín mil injurias y picardías. El pobre lloraba; en fin, desesperado y aburrido, se le ocurrió la idea de ir a casa del maldito fabricante de piernas que tal le había puesto. Llegó, llamó a la puerta al pasar pero ya había traspuesto la calle cuando el maestro se asomó a ver quién era. Sólo pudo divisar a lo lejos un hombre arrebatado en alas del huracán que con la mano se las juraba. En resolución, al caer la tarde, el apresurado varón notó que la pierna lejos de aflojar, aumentaba en velocidad por instantes. Salió al campo y, casi exánime y jadeando, acertó a tomar un camino que llevaba a una quinta de una tía suya que allí vivía. Estaba aquella respetable señora, con más de setenta años encima, tomando té junto a una ventana del *parlour* *, y como vio a su sobrino venir tan chusco y regocijado corriendo hacia ella, empezó a sospechar si habría llegado a perder el seso, y mucho más al verle tan deshonestamente vestido. Al pasar el desventurado cerca de su ventana, le llamó y, muy seria, empezó a echarle una exhortación muy grave acerca de lo ajeno que era en un hombre de su carácter andar de aquella manera.

—¡Tía! ¡Tía! ¡También usted! —respondió con lamentos su sobrino pernialígero.

No se le volvió a ver más desde entonces, y muchos creyeron que se había ahogado en el canal de la Mancha al salir de la Isla. Hace, no obstante, algunos años que unos viajeros recién llegados de América afirmaron haberle visto atravesar los bosques del Canadá con la rapidez de un relámpago. Y poco hace se vio a un esqueleto desarmado vagando por las cumbres del Pirineo, con notable espanto de los vecinos de la comarca, sostenido por una pierna de palo. Y así continúa dando la vuelta al mundo con increíble presteza, la prodigiosa pierna, sin haber perdido aún nada de su primer arranque, furibunda velocidad y *movimiento perpetuo.*

Semanario *El Artista,* 1835.

Cuentos del siglo XIX, ed. José María Carandell, Barcelona, La Gaya Ciencia, 1978², pp. 5-14.

GUSTAVO ADOLFO BÉCQUER (1836-1870)

Este hombre frágil, retraído, atormentado y soñador, con sólo unos ochenta poemas, las Rimas, *desempeña, según escribe Luis Cernuda, «en nuestra poesía moderna un papel equivalente al de Garcilaso en nuestra poesía clásica; el de crear una nueva tradición que lega a sus descendientes... Él es quien dota a la poesía moderna española de una tradición nueva, y el eco de ella se encuentra en nuestros contemporáneos mejores».*

Es el poeta del desencanto amoroso, de la más profunda y sensible intimidad, de los celos, la soledad, la melancolía, del mundo de los sueños y las vagas visiones, de la huida del tiempo; en fin, del deseo de reposo eterno: «¡Oh, qué amor tan callado el de la muerte! ¡Qué sueño el del sepulcro tan tranquilo!» Su mundo será, en palabras de Vicente Gaos, «el de un vidente —inmaterial, misterioso, vago—, pero la expresión de ese mundo es de diáfana exactitud».

Bécquer escribe también Leyendas *(1858-1864), que son las más logradas manifestaciones de la narrativa fantástica española del siglo XIX. Al entender de Jorge Campos, «la importancia de las leyendas becquerianas como aportación nueva a la narración española, junto a su tono poético, es la utilización de lo fantástico. En ellas es constante el empleo de lo sobrenatural, lo extraño o lo inexplicable formando parte de los argumentos».* «El monte de las ánimas», «Los ojos verdes», «Maese Pérez el organista» *y* «El Miserere», *son algunas de las más bellas.*

APÓLOGO

Brahma * se mecía satisfecho sobre el cáliz de una gigantesca flor de loto que flotaba sobre el haz de las aguas sin nombre.

La Maija fecunda y luminosa envolvía sus cuatro cabezas como un velo dorado.

El éter encendido palpitaba en torno a las magníficas creaciones, misterioso producto del consorcio de las dos potencias místicas.

Brahma había deseado el cielo, y el cielo salió del abismo del caos con sus siete círculos y semejante a una espiral inmensa.

Había deseado mundos que girasen en torno a su frente, y los mundos comenzaron a voltear en el vacío como una ronda de llamas.

Había deseado espíritus que le glorificasen, y los espíritus, como una savia divina y vivificadora, comenzaron a circular en el seno de los principios elementales.

Unos chispearon con el fuego, otros giraron con el aire, exhalaron suspiros en el agua o estremecieron la tierra, internándose en sus profundas simas.

Visnú *, la potencia conservadora dilatándose alrededor de todo lo creado, lo envolvió en su ser como si lo cubriese con un inmenso fanal.

Siva *, el genio destructor, se mordía los codos de rabia. El lance no era para menos.

Había visto los elefantes que sostienen los ocho círculos del cielo, y al intentar meterles el diente, se encontró con que eran de diamante; lo que dice sobrado cuán duros estaban de roer.

Probó descomponer el principio de los elementos y los halló con una fuerza reproductora tan activa y espontánea, que juzgó más fácil encontrar el último punto de la línea de circunferencia.

De los espíritus no hay para que decir que, en su calidad de esencia pura, burlaron completamente sus esfuerzos destructores.

En tal punto la creación y en esta actitud los genios que la presiden, Brahma, satisfecho de su obra, pidió de beber a grandes voces.

Diéronle lo que había pedido, bebió, y no debió de ser agua, porque los vapores, subiéndosele a la cabeza, le trastornaron por completo.

En este estado de embriaguez deseó alguna cosa muy extravagante, muy ridícula, muy pequeña; algo que formara contraste con todo lo magnífico y lo grandioso que había creado: y fue la humanidad.

Siva se restregó las manos de gusto al contemplarla.

Visnú frunció el ceño al ver encomendada a su custodia una cosa tan frágil.

Los hombres, en tanto, andaban mustios y sombríos por el mundo, ocultándose avergonzados los unos de los otros, cerrando los ojos para no ver a su alrededor tanto grande y eterno, y no compararlo involuntariamente con su pequeñez y su miseria.

Porque los hombres tenían la conciencia exacta de sí mismos.

—¿Queréis acabar de una vez con vuestros males? —les dijo Siva—. ¿Queréis morir?

—¡Sí, sí! —exclamaron todos en tumulto—. ¿Para qué queremos este soplo de existencia?

—Yo soy un estúpido, lo sé, y me avergüenzo de mi barbarie —decía uno.

—Yo soy deforme —añadía el otro—, y me entristece el espectáculo de mi ridiculez.

—Y tenemos estas y estas faltas y aquellas y las otras miserias —proseguían diciendo los demás, enumerando el cúmulo de males y defectos de que entonces, como ahora, se hallaban plagados los hombres.

—Es cosa hecha —dijo Siva, viendo la decisión de la humanidad entera.

Y levantó la mano para destruirla; pero en aquel instante se interpuso Visnú.

Esperad un día —exclamó, dirigiéndose a los hombres—, un día no más. Voy a daros a beber un elixir misterioso. Si mañana, después de haberlo bebido, queréis morir, que vuestra voluntad se cumpla.

Los hombres aceptaron, y Siva dejó su presa, refunfuñando entre dientes, porque conocía el ingenio y la travesura de su competidor.

Visnú, que, efectivamente, era hombre, digo mal, era dios de grandes recursos en las ocasiones críticas, se las compuso de manera que a las pocas horas tenía ya hecho y embotellado su elixir, en tal cantidad, que tocó a frasco por barba.

Pasó la noche, durante la cual los hombres no hicieron otra cosa que sorber por la nariz aquella especie de éter mágico; y cuando tornó a brillar la luz, vino Siva de nuevo a renovar sus proposiciones de muerte.

Los hombres, al oírlo, comenzaron por maravillarse y acabaron por reírsele en las barbas.

—¡Morir nosotros —exclamaron— cuando un porvenir inmenso se abre ante nuestra vista!

—Yo —decía el uno— voy a conmover al mundo con la fuerza de mi brazo.

—Yo voy a hacer mi nombre inmortal en la tierra.

—Yo, a avasallar los corazones con el encanto de mi hermosura.

Y así, todos iban repitiendo:

—¡Morir yo, que siento arder en mi frente la llama del genio; yo, que soy fuerte; yo, que soy hermoso; yo, que seré inmortal!

Siva no daba crédito a sus ojos, y unas veces le daban ganas de rabiar y otras de reír a carcajada tendida ante el espectáculo de tan ridícula transformación. En aquel momento pasaba Visnú a su lado, y el genio destructor no pudo menos de dirigirle estas palabras:

—¿Qué diantre le has dado a esos imbéciles, que ayer estaban todos mustios, cabizbajos y llenos de la conciencia de su pequeñez, y hoy andan con la frente erguida, burlándose los unos de los otros, creyéndose cada uno cual un dios?

Visnú, con mucha sorna, y dándole un golpecito en un hombro, se inclinó al oído de Siva y le dijo en voz muy baja:

—Les he dado el amor propio. (1863.)

Leyendas, ed. Jorge Campos, Madrid, Alianza, 1982[2], pp. 255-258.

Benito Pérez Galdós (1843-1920)

Es el más importante novelista español después de Cervantes. Restaurador de la novela y creador del realismo español. Su figura hay que situarla al lado de los grandes escritores europeos del siglo XIX, Balzac, Dickens, Tolstoi, Dostoyevski, etc. Su obra narrativa, dejando aparte la dramática, es muy vasta. Los Episodios Nacionales, *escritos en diversas épocas de su vida y comprendidos en cuarenta y seis volúmenes, constituyen una historia novelada de la vida española de casi todo el siglo XIX.*

Entre sus principales novelas se pueden citar Doña Perfecta *(1876),* Marianela *(1878),* La de Bringas *(1884),* Fortunata y Jacinta *(1886-87) —su obra maestra—,* Miau *(1888),* Nazarín *(1895) y* Misericordia *(1897). Lo que pretende Galdós con su obra es, en palabras de Joaquín Casalduero, responder a la pregunta «cómo es España», y gracias a su palabra y a sus dotes de observador y narrador, la realidad de una época española, a través de su historia, del ambiente social y de sus tipos, se hace presente y palpitante.*

¿DÓNDE ESTÁ MI CABEZA?

I

Antes de despertar, ofrecióse a mi espíritu el horrible caso en forma de angustiosa sospecha, como una tristeza hondísima, farsa cruel de mis endiablados nervios, que suelen desmandarse con trágico humorismo. Desperté; no osaba moverme, no tenía valor para reconocerme y pedir a los sentidos la certificación material de lo que ya tenía en mi alma todo el valor del conocimiento. Por fin pudo más la curiosidad que el terror; alargué mi mano, me toqué, palpé... Imposible exponer mi angustia cuando pasé la mano de un hombro a otro sin tropezar en nada... El espanto me impedía tocar la parte, no diré dolorida, pues no sentía dolor alguno..., la parte que aquella increíble mutilación dejaba al descubierto... Por fin, apliqué mis dedos a la vértebra cortada como un troncho de col; palpé los músculos, los tendones, los coágulos de sangre, todo seco, insensible, tendiendo a endurecerse ya, como espesa papilla que al contacto del aire se acartona... Metí el dedo en la tráquea, tosí... Metílo también en el esófago, que funcionó automáticamente queriendo tragármelo...; recorrí el circuito de piel de afilado borde... Nada, no cabía dudar ya. El infalible tacto daba fe de aquel horroroso, inaudito hecho. Yo, yo mismo, reconociéndome vivo, pensante y hasta en perfecto estado de salud física, no tenía cabeza.

II

Largo rato estuve inmóvil, aturdido, divagando en penosas imaginaciones. Mi mente, después de juguetear con todas las ideas posibles, empezó a fijarse en las causas de mi decapitación. ¿Había sido degollado durante la noche por mano del verdugo? Mis nervios no guardaban reminiscencia del cortante filo de la cuchilla. Busqué en ellos algún rastro de escalofrío tremendo y fugaz, y no lo encontré. Sin duda, mi cabeza había sido separada del tronco por medio de una preparación anatómica desconocida, y el caso era de robo más que de asesinato; una sustracción alevosa, consumada por manos hábiles, que me sorprendieron indefenso, solo y profundamente dormido.

En mi pena y turbación, centellas de esperanza iluminaban a ratos mi ser... Instintivamente me incorporé en el lecho, miré a todos lados, creyendo encontrar sobre la mesa de noche, en alguna silla, en el suelo, lo que en rigor de verdad anatómica debía estar sobre mis hombros, y nada..., no la vi. Hasta me aventuré a mirar debajo de la cama..., y tampoco. Confusión igual no tuve en mi vida, ni creo que hombre alguno en semejante perplejidad se haya visto nunca. El asombro era en mí tan grande como el terror.

No sé cuánto tiempo pasé en aquella turbación muda y ansiosa. Por fin, se me impuso la necesidad de llamar, de reunir en amistad, la ciencia. Lo deseaba y lo temía, y el pensar en la estupefacción de mi criado cuando me viese, aumentaba extraordinariamente mi ansiedad.

Pero no había más remedio; llamé... Contra lo que yo esperaba, mi ayuda de cámara no se asombró tanto como yo creía. Nos miramos un rato en silencio.

—Ya ves, Pepe —le dije, procurando que el tono de mi voz atenuase la gravedad de lo que decía—; ya lo ves: no tengo cabeza.

El pobre viejo me miró con lástima silenciosa: me miró mucho, como expresando lo irremediable de mi tribulación.

Cuando se apartó de mí llamado por sus quehaceres, me sentí tan solo, tan abandonado, que le volví a llamar en tono quejumbroso y aun huraño, diciéndole con cierta acritud:

—Ya podréis ver si está en alguna parte, en el gabinete, en la sala, en la biblioteca... No se os ocurre nada.

A poco volvió José, y con su afligida cara y su gesto de inmenso desaliento, sin emplear palabra alguna, díjome que mi cabeza no aparecía.

III

La mañana avanzaba, y decidí levantarme. Mientras me vestí, la esperanza volvió a sonreír dentro de mí.

«¡Ah! —pensé—. De fijo que mi cabeza está en mi despacho... ¡Vaya, que no habérseme ocurrido antes!... ¡Qué cabeza! Anoche estuve trabajando hasta hora muy avanzada... ¿En qué? No puedo recordarlo fácilmente; pero ello debió de ser en mi discurso-memoria sobre la *Aritmética filosófico-social,* o sea, *Reducción a fórmulas numéricas de todas las ciencias metafísicas.* Recuerdo haber escrito dieciocho veces un párrafo de inaudita profundidad, no logrando en ninguna de ellas expresar con fidelidad mi pensamiento. Llegué a sentir horriblemente caldeada la región cerebral. Las ideas, hirvientes, se me salían por ojos y oídos, estallando como burbujas de aire, y llegué a sentir un ardor irresistible, una obstrucción congestiva, que me inquietan sobre manera...»

Y enlazando estas impresiones, vine a recordar claramente un hecho que llevó la tranquilidad a mi alma. A eso de las tres de la madrugada, horriblemente molestado por el ardor de mi cerebro, y no consiguiendo atenuarlo pasándome la mano por la calva, me cogí con ambas manos la cabeza, la fui ladeando poquito a poco, como quien saca un tapón muy apretado, y, al fin, con ligerísimo escozor en el cuello, me la quité, y cuidadosamente la puse sobre la mesa. Sentí un gran alivio, y me acosté tan fresco.

IV

Este recuerdo me devolvió la tranquilidad. Sin acabar de vestirme, corrí al despacho. Casi, casi tocaban al techo los rimeros * de libros y papeles que sobre la mesa había. ¡Montones de ciencias, pilas de educación! Vi la lámpara ahumada, el tintero tan negro por fuera como por dentro, cuartillas mil llenas de números chiquirritines..., pero la cabeza no la vi.

Nueva ansiedad. La última esperanza era encontrarla en los cajones de la mesa. Bien pudo suceder que al guardar el enorme fárrago de apuntes se quedase la cabeza entre ellos, como una hoja de papel secante o una cuartilla en blanco. Lo revolví todo, pasé hoja por hoja, y nada... ¡Tampoco allí!

Salí de mi despacho de puntillas, evitando el ruido, pues no quería que mi familia me sintiese. Metíme de nuevo en la cama, sumergiéndome en negras meditaciones. ¡Qué situación, qué conflicto! Por de pronto, ya no podría salir a la calle, porque el asombro y horror de los transeúntes habían de ser nuevo suplicio para mí. En ninguna parte podía presentar mi decapitada personalidad. La burla en unos, la compasión en otros, la extrañeza en todos me atormentarían horriblemente. Ya no podría concluir mi discurso-memoria sobre la *Aritmética filosófico-social,* ni aun podría tener el consuelo de leer en la Academia los voluminosos capítulos ya escritos de aquella importante obra. ¡Cómo era posible que me presentase ante mis dignos compañeros con mutilación tan lastimosa! ¡Ni cómo pretender que un cuerpo descabezado tuviera dignidad oratoria, ni representación literaria!... ¡Imposible! Era ya hombre acabado, perdido para siempre.

V

La desesperación me sugirió una idea salvadora: consultar al punto el caso con mi amigo el doctor Miquis, hombre de mucho saber, a la moderna, médico, filósofo y, hasta cierto punto, sacerdotal, porque no hay otro para consolar a los enfermos cuando no puede curarlos, o hacerles creer que sufren menos de lo que sufren.

La resolución de verle me alentó; vestíme a toda prisa. ¡Ay! ¡Qué impresión tan extraña cuando, al embozarme, pasaba mi capa de un hombro a otro, tapando el cuello como servilleta en plato para que no caigan moscas! Y al salir de mi alcoba, cuya puerta, como de casa antigua, es de corta alzada, no tuve que inclinarme para salir, según costumbre de toda mi vida. Salí bien derecho, y aún sobraba un palmo de puerta.

Salí y volví a entrar para cerciorarme de la disminución de

mi estatura. Y en una de éstas redobláronse de tal modo mis ganas de mirarme al espejo, que ya no pude vencer la tentación, y me fui derecho hasta el armario de luna. Tres veces me acerqué y otras tantas me detuve, sin valor bastante para verme... Al fin me vi... ¡Horripilante figura!... Era yo como un ánfora jorabada, de corto cuello y asas muy grandes. El corte del pescuezo me recordaba los modelos en cera o pasta que yo había visto mil veces en Museos anatómicos.

Mandé traer un coche, porque me aterraba la idea de ser visto en la calle y de que me siguieran los chicos, y de ser espanto y chacota * de la muchedumbre. Metíme con rápido movimiento en la berlina. El cochero no advirtió nada, y durante el trayecto nadie se fijó en mí.

Tuve la suerte de encontrar a Miquis en su despacho, y me recibió con la cortesía graciosa de costumbre, disimulando con su habilidad profesional el asombro que debí causarle.

—Ya ves, querido Augusto —le dije, dejándome caer en un sillón—; ya ves lo que me pasa.

—Sí, sí... —replicó, frotándose las manos y mirándome atentamente; ya veo, ya... No es cosa de cuidado.

—¡Que no es cosa de cuidado!

—Quiero decir... Efectos del mal tiempo, de este endiablado viento frío del Este...

—¡El viento frío es la causa de...!

—¿Por qué no?

—El problema, querido Augusto, es saber si me la han cortado violentamente o me la han substraído por un procedimiento latroanatómico *, que sería grande y pasmosa novedad en la historia de la malicia humana.

Tan torpe estaba aquel día el agudísimo doctor, que no me comprendía. Al fin, refiriéndole mis angustias, pareció enterarse, y al punto su ingenio fecundo me sugirió ideas consoladoras.

—No es tan grave el caso como parece —me dijo—, y casi, casi me atrevo a asegurar que la encontraremos muy pronto. Ante todo, conviene que te llenes de paciencia y calma. La cabeza existe. ¿Dónde está? Ese es el problema.

Y dicho esto echó por aquella boca unas erudiciones tan amenas y unas sabidurías tan donosas, que me tuvo como encantado más de media hora. Todo ello era muy bonito; pero no veía yo que por tal camino fuéramos al fin capital de encontrar una cabeza perdida. Concluyó prohibiéndome en absoluto la continuación de mis trabajos sobre la *Aritmética filosófico-social,* y, al fin, como quien no dice nada, dejóse caer con una indicación, en la que al punto reconocí la claridad de su talento.

¿Quién tenía la cabeza? Para despejar esta incógnita convenía que yo examinase en mi conciencia y en mi memoria todas mis conexiones mundanas y sociales. ¿Qué casas y círculos frecuentaba yo? ¿A quién trataba con intimidad más o menos constante y pegajosa? ¿No era público y notorio que mis visitas a la marquesa viuda de X... traspasaban por su frecuencia y duración los límites a que debe circunscribirse la cortesía? ¿No podría suceder que en una de aquellas visitas me hubiera dejado la cabeza o me la hubiera secuestrado y escondido, como en rehenes que garantizara la próxima vuelta?...

Dióme tanta luz esta indicación, y tan contento me puse, y tan claro vi el fin de mi desdicha, que apenas pude mostrar al conspicuo * doctor mi agradecimiento, y abrazándole salí presuroso. Ya no tenía sosiego hasta no personarme en casa de la marquesa, a quien tenía por autora de la más pesada broma que mujer alguna pudo inventar.

VI

La esperanza me alentaba. Corrí por las calles hasta que el cansancio me obligó a moderar el paso. La gente no reparaba en mi horrible mutilación, o si la veía no manifestaba gran asombro. Algunos me miraban como asustados; vi la sorpresa en muchos semblantes, pero el terror, no.

Dióme por examinar los escaparates de las tiendas, y para colmo de confusión, nada de cuanto vi me atraía tanto como las instalaciones de sombreros. Pero estaba de Dios que una nueva y horripilante sorpresa trastornase mi espíritu, privándome de la alegría que lo embargaba y sumergiéndome en dudas crueles. En la vitrina de una peluquería elegante vi...

Era una cabeza de caballero admirablemente peinada, con barba corta, ojos azules, nariz aguileña... Era, en fin, mi cabeza, mi propia y auténtica cabeza... ¡Ah!, cuando la vi, la fuerza de la emoción por poco me priva del conocimiento... Era, era mi cabeza, sin más diferencia que la perfección del peinado, pues yo apenas tenía cabello que peinar, y aquella cabeza ostentaba una espléndida peluca.

Ideas contradictorias cruzaron por mi mente. ¿Era? ¿No era? Y si era, ¿cómo había ido a parar allí? Si no era, ¿cómo explicar el pasmoso parecido? Dábanme ganas de detener a los transeúntes con estas palabras: «Hágame usted el favor de decirme si es ésa mi cabeza.»

Ocurrióme que debía entrar en la tienda, inquirir, proponer, y, por último comprar la cabeza a cualquier precio... Pensado y hecho; con trémula mano abrí la puerta y entré... Dado el primer paso, detúveme cohibido, recelando que mi descabezada presencia produjese estupor y quizá hilaridad. Pero una mujer hermosa, que de la trastienda salió risueña y afable, invitóme a sentarme, señalando la más próxima silla con su bonita mano, en la cual tenía un peine.

Cuentos del siglo XIX, ed. J. M. Carandell, cit., pp. 135-147.

RAMÓN DEL VALLE-INCLÁN (1866-1936)

Poeta, novelista y dramaturgo, se le ha llamado «hijo pródigo de la Generación del 98». Bohemio, extravagante, genial, en él se confundió el mito y la persona.

Entre sus novelas destacan Sonatas *(de las cuatro estaciones, a partir de 1902), Trilogía de la Guerra Carlista* (Los cruzados de la causa, 1908; El resplandor de la hoguera, 1909 *y* Gerifaltes de antaño, 1909), Tirano Banderas *(1929) y la Trilogía del Ruedo Ibérico, reconstrucción satírica y caricaturesca de la España de Isabel II* (La Corte de los milagros, 1927; Viva mi dueño, 1928 *y* Baza de espadas, *publicación póstuma, 1958). Entre las obras de teatro: Las comedias bárbaras* (Aguila de blasón, 1907; Romance de lobos, 1908 *y* Cara de plata, 1922); Divinas palabras *(1920) y Los Esperpentos* (Luces de bohemia, 1920 *y* Los cuernos de Don Friolera, 1925).

Valle-Inclán es uno de los más geniales escritores españoles del siglo XX, artista de la palabra y de la imaginación. En su obra hay un paso estético del modernismo al esperpentismo, es decir, de la estilización de lo bello, del refinamiento sensual de un mundo decadente, del preciosismo ornamental —lenguaje musical, plástico y rítmico— a la estilización de lo bajo, al expresionismo gesticulante, a la caricatura y distorsión, al lenguaje desgarrado.

En Valle-Inclán se manifiesta el sentimiento sensual y religioso, la Galicia mágica y esperpéntica, lo grotesco y barroco, pero, sobre todo, la amarga visión satírica de la realidad española. Jardín umbrío *(1903) es un libro de «historias de santos, de almas en pena, de duendes y de ladrones»; cuentos que recogen los recuerdos oídos o sospechados de su tierra natal.*

EL MIEDO

Ese largo y angustioso escalofrío que parece mensajero de la muerte, el verdadero escalofrío del miedo, sólo lo he sentido una vez. Fue hace muchos años, en aquel hermoso tiempo de los mayorazgos *, cuando se hacía información de nobleza para ser militar. Yo acababa de obtener los cordones de Caballero Cadete. Hubiera preferido entrar en la Guardia de la Real Persona; pero mi madre se oponía, y siguiendo la tradición familiar, fui granadero en el Regimiento del Rey. No recuerdo con certeza los años que hace, pero entonces apenas me apuntaba el bozo * y hoy ando cerca de ser un viejo caduco. Antes de entrar en el Regimiento mi madre quiso echarme su bendición. La pobre señora vivía retirada en el fondo de una aldea, donde estaba nuestro pazo solariego *, y allá fui sumiso y obediente. La misma tarde que llegué mandó en busca del Prior de Brandeso para que viniese a confesarme en la capilla del pazo. Mis hermanas María Isabel y María Fernanda, que eran unas niñas, bajaron a coger rosas al jardín, y mi madre llenó con ellas los floreros del altar. Después me llamó en voz baja para darme su devocionario y decirme que hiciera examen de conciencia:

—Vete a la tribuna, hijo mío. Allí estarás mejor...

La tribuna señorial estaba al lado del Evangelio y comunicaba con la biblioteca. La capilla era húmeda, tenebrosa, resonante. Sobre el retablo campeaba el escudo concedido por ejecutorias * de los Reyes Católicos al señor de Bradomín, Pedro Aguiar de Tor, llamado el Chivo y también el Viejo. Aquel caballero estaba enterrado a la derecha del altar. El sepulcro tenía la estatua orante de un guerrero. La lámpara del presbiterio alumbraba día y noche ante el retablo, labrado como joyel de reyes. Los áureos racimos de la vid evangélica parecían ofrecerse cargados de fruto. El santo tutelar era aquel piadoso Rey Mago que ofreció mirra al Niño Dios. Su túnica de seda bordada de oro brillaba con el resplandor devoto de un milagro oriental. La luz de la lámpara, entre las cadenas de plata, tenía tímido aleteo de pájaro prisionero como si se afanase por volar hacia el Santo. Mi madre quiso que fuesen sus manos las que dejasen aquella tarde a los pies del Rey Mago los floreros cargados de rosas, como ofrenda de su alma devota. Después, acompañada de mis hermanas, se arrodilló ante el altar. Yo, desde la tribuna, solamente oía el murmullo de su voz, que guiaba moribunda las avemarías; pero cuando a las niñas les tocaba responder, oía todas las palabras rituales de la oración. La tarde agonizaba y los rezos resonaban en la silenciosa oscuridad de la capilla, hondos, tristes y augustos, como un eco de la Pasión. Yo me adormecía en la tribuna. Las niñas fueron a sentarse en las gradas del altar. Sus vestidos eran albos * como el lino de los paños litúrgicos. Ya sólo distinguía una sombra que rezaba bajo la lámpara del presbiterio. Era mi madre, que sostenía entre sus manos un libro abierto y leía con la cabeza inclinada. De tarde en tarde, el viento mecía la cortina de un alto ventanal. Yo entonces veía en el cielo, ya oscuro, la faz de la luna, pálida y sobrenatural como una diosa que tiene su altar en los bosques y en los lagos...

Mi madre cerró el libro dando un suspiro, y de nuevo llamó a las niñas. Vi pasar sus sombras blancas a través del presbiterio y columbré * que se arrodillaban a los lados de mi madre. La luz de la lámpara temblaba con un débil resplandor sobre las manos que volvían a sostener abierto el libro. En el silencio la voz leía piadosa y lenta. Las niñas escuchaban, y adiviné sus cabelleras sueltas sobre la albura del ropaje y cayendo a los lados del rostro iguales, tristes, nazarenas. Habíame adormecido, y de pronto me sobresaltaron los gritos de mis hermanas. Miré y las vi en medio del presbiterio abrazadas a mi madre. Gritaban despavoridas. Mi madre las asió de la mano y huyeron las tres. Bajé presuroso. Iba a seguirlas y quedé sobrecogido de terror. En el sepulcro del guerrero se entrechocaban los huesos del esqueleto. Los cabellos se erizaron en mi frente. La capilla había quedado en el mayor silencio, y oíase distintamente el hueco y medroso rodar de la calavera sobre su almohada de piedra. Tuve miedo como no lo he tenido jamás, pero no quise que mi madre y mis hermanas me creyesen cobarde, y permanecí inmóvil en medio del presbiterio, con los ojos fijos en la puerta entreabierta. La luz de la lámpara oscilaba. En lo alto mecíase la cortina de un ventanal, y las nubes pasaban sobre la luna, y las estrellas se encendían y se apagaban como nuestras vidas. De pronto, allá lejos, resonó festivo ladrar de perros y música de cascabeles. Una voz grave y eclesiástica llamaba:

—¡Aquí, *Carabel!* ¡Aquí, *Capitán!*...

Era el Prior de Brandeso que llegaba para confesarme. Después oí la voz de mi madre trémula y asustada, y percibí distintamente la carrera retozona de los perros. La voz grave y eclesiástica se elevaba lentamente, como un canto gregoriano:

—Ahora veremos qué ha sido ello... Cosa del otro mundo no lo es, seguramente... ¡Aquí, *Carabel!* ¡Aquí, *Capitán!*...

Y el Prior de Brandeso, precedido de sus lebreles, apareció en la puerta de la capilla:

—¿Qué sucede, señor Granadero del Rey?

Yo repuse con la voz ahogada:

—¡Señor Prior, he oído temblar el esqueleto dentro del sepulcro!...

El Prior atravesó lentamente la capilla. Era un hombre arrogante y erguido. En sus años juveniles también había sido Granadero del Rey. Llegó hasta mí, sin recoger el vuelo de sus hábitos blancos, y afirmándome una mano en el hombro y mirándome la faz descolorida, pronunció gravemente:

—¡Que nunca pueda decir el Prior de Brandeso que ha visto temblar a un Granadero del Rey!...

No levantó la mano de mi hombro, y permanecimos inmóviles, contemplándonos sin hablar. En aquel silencio oímos rodar la calavera del guerrero. La mano del Prior no tembló. A nuestro lado los perros enderazaban las orejas con el cuello espeluznado. De nuevo oímos rodar la calavera sobre su almohada de piedra. El Prior me sacudió:

—¡Señor Granadero del Rey, hay que saber si son trasgos * o brujas!...

Y se acercó al sepulcro y asió las dos anillas de bronce empotradas en una de las losas, aquella que tenía el epitafio *. Me acerqué temblando. El Prior me miró sin desplegar los labios. Yo puse mi mano sobre la suya en una anilla y tiré. Lentamente alzamos la piedra. El hueco, negro y frío, quedó ante nosotros. Yo vi que la árida y amarillenta calavera aún se movía. El Prior alargó un brazo dentro del sepulcro para cogerla. Después, sin una palabra y sin un gesto, me la entregó. La recibí temblando. Yo estaba en medio del presbiterio y la luz de la lámpara caía sobre mis manos. Al fijar los ojos las sacudí con horror. Tenía entre ellas un nido de culebras que se desanillaron silbando, mientras la calavera rodaba con hueco y liviano son todas las gradas del presbiterio. El Prior me miró con sus ojos de guerrero que fulguraban bajo la capucha como bajo la visera de un casco:

—Señor Granadero del Rey, no hay absolución... ¡Yo no absuelvo a los cobardes!

Y con rudo empaque salió sin recoger el vuelo de sus blancos hábitos talares. Las palabras del Prior de Brandeso resonaron mucho tiempo en mis oídos. Resuenan aún. ¡Tal vez por ellas he sabido más tarde sonreír a la muerte como a una mujer!

Jardín umbrío (1903), Madrid, Espasa-Calpe, 1975 [4], pp. 19-23.

Vicente Blasco Ibáñez (1867-1928)

Novelista valenciano. Entre sus muchas novelas, que se suelen agrupar según sus tendencias e intenciones, destacan las pertenecientes al ciclo valenciano, dentro de una óptica realista-naturalista e impresionista: Arroz y tartana *(1894),* La Barraca *(1898) y* Cañas y barro *(1902). Destacan en ellas la temática fatalista y el agudo sentido del paisaje y del color. En una línea más subjetivista escribe otras novelas, de las que se pueden citar:* Sangre y arena *(1908) y* Los cuatro jinetes del Apocalipsis *(1916).*

Blasco Ibáñez escribió también numerosos cuentos, entre ellos Cuentos valencianos *(1893). A propósito de sus cuentos dice Baquero Goyanes: «Representan la máxima consecuencia del naturalismo aplicado a lo rural. La sujeción a los modelos de Zola se nota no sólo en la crudeza repugnante de algunos cuentos, sino también en la técnica, eminentemente objetiva e impasible [...]. Poesía magníficas condiciones para el relato vigorosamente dramático, realista, a la manera de Maupassant; condiciones a menudo malogradas por su excesiva tendenciosidad y cierta falta de buen gusto que le hacía caer en truculencias.»*

SANCHA

El bosque parecía alejarse hacia el mar, dejando entre sí y la Albufera una extensa llanura baja, cubierta de vegetación bravía, rasgada a trechos por la tersa lámina de pequeñas lagunas.

Era el llano de Sancha. Un rebaño de cabras, guardado por un muchacho, pastaba entre las malezas, y a su vista surgió en la memoria de los hijos de la Albufera la tradición que daba su nombre al llano.

Un pastorcillo como el que ahora caminaba por la orilla, apacentaba sus cabras en otros tiempos en el mismo llano. Pero esto era muchos años antes, muchos... tantos, que ninguno de los viejos que aún vivían en la Albufera conoció al pastor; ni el mismo tío Paloma.

El muchacho vivía como un salvaje en la soledad, y los barqueros que pescaban en el lago le oían gritar desde muy lejos en las mañanas de calma:

—¡Sancha, Sancha!

Sancha era una serpiente pequeña, la única amiga que le acompañaba. El mal bicho acudía a los gritos, y el pastor, ordeñando sus mejores cabras, le ofrecía un cuenco de leche. Después, en las horas de sol, el muchacho se fabricaba un caramillo * cortando cañas en los carrizales y soplaba dulcemente, teniendo a sus pies al reptil que enderezaba parte de su cuerpo y lo contraía como si quisiera danzar al compás de los suaves silbidos. Otras veces el pastor se entretenía deshaciendo los anillos de Sancha, extendiéndola en línea recta sobre la arena, regocijándose al ver con qué nerviosos impulsos volvía a enroscarse.

Cuando, cansado de estos juegos llevaba el rebaño al otro extremo de la gran llanura, seguíale la serpiente como un gozquecillo * o enroscándose a sus piernas le llegaba hasta el cuello, permaneciendo allí como caída o muerta, y con sus ojos de diamante fijos en los del pastor, erizándole el vello de su cara con el silbido de su boca triangular.

Las gentes de la Albufera lo tenían por brujo y más de una mujer de las que tomaban leña en la Dehesa, al verle llegar con la Sancha en el cuello, hacían la señal de la cruz como si se presentase el demonio. Así comprendían todos, cómo el pastor podía dormir en la selva sin miedo a los grandes reptiles que pululaban en la maleza. Sancha, que debía ser el diablo, le guardaba de todo peligro.

La serpiente crecía y el pastor era ya todo un hombre cuando los habitantes de la Albufera no lo vieron más. Se supo que era soldado y que se hallaba peleando en las guerras de Italia. Ningún otro rebaño volvió a pastar en la salvaje llanura. Los pescadores, al bajar a tierra, no gustaban de aventurarse en los altos juncales que cubrían las pestíferas lagunas. Sancha, falta de la leche con que la regalaba el pastor, debía perseguir los innumerables conejos de la dehesa.

Transcurrieron ocho o diez años y un día los habitantes de Saler, vieron llegar, por el camino de Valencia, apoyado en un palo y con la mochila a la espalda, a un soldado, un granadero enjuto y cetrino, con las negras polainas hasta encima de la rodilla. Sus grandes bigotes no le impidieron ser reconocido. Era el pastor que regresaba. Llegó a la llanura pantanosa donde en otros tiempos guardaba sus reses. Nadie. Las libélulas movían sus alas sobre altos juncos con suave zumbido y en los charcos ocultos bajo los matorrales chapoteaban los sapos asustados por la proximidad del soldado.

—¡Sancha, Sancha! —llamó suavemente el antiguo pastor.

Y cuando hubo repetido su llamamiento muchas veces, vio que las altas hierbas se agitaban y oyó un estrépito de cañas tronchadas, como si se arrastrase un cuerpo pesado. Entre los juncos brillaron dos ojos a la altura de los suyos y avanzó una cabeza achatada moviendo la lengua de horquilla, con un bufido tétrico que parecía helarle la sangre. Era Sancha, pero enorme, soberbia, levantándose a la altura de un hombre, arrastrando su cola entre la maleza hasta perderse de vista, con la piel multicolor y el cuerpo grueso como el tronco de un pino.

—¡Sancha! —gritó el soldado retrocediendo a impulsos del miedo—. ¡Cómo has crecido...! ¡Qué grande eres!

E intentó huir. Pero la antigua amiga, pasado el primer asombro, pareció reconocerle y se enroscó en torno de sus hombros, estrechándole con un anillo de su piel rugosa sacudida por nerviosos estremecimientos. El soldado forcejeó.

—¡Suelta, Sancha, suelta! No me abraces. Eres demasiado grande para esos juegos.

Otro anillo oprimió sus brazos agarrotándolos. La boca del reptil le acariciaba como en otros tiempos; su aliento le agitaba el bigote causándole un escalofrío angustioso, y mientras tanto, los anillos se contraían, se estrechaban hasta que el soldado, asfixiado, crujiéndole los huesos, cayó al suelo envuelto en el rollo de pintados colores de los anillos.

A los pocos días unos pescadores encontraron su cadáver; una masa informe con los huesos quebrantados y la carne amoratada por el irresistible apretón de Sancha. Así murió el pastor, víctima de un abrazo de su antigua amiga.

Cuentos famosos, III, selecc. Luis Casanovas M., León, Everest, 1975, pp. 245-249.

Gabriel Miró (1879-1930)

Extraordinario prosista alicantino, llevó una vida recogida, íntima, sin estridencias, volcado totalmente en su arte. Escribió novelas: Las cerezas del cementerio *(1910),* Nuestro Padre San Daniel *(1921) y su continuación* El obispo leproso *(1926). El resto de su obra son libros de evocaciones, estampas y cuadros descriptivos:* El libro de Sigüenza *(1917),* Figuras de la Pasión del Señor *(1917),* El humo dormido *(1919),* Años y leguas *(1928), etc.*

Para Miró el lenguaje es «la más preciosa realidad humana». Por eso es uno de los escritores españoles con una prosa más cuidada. Buscador de imágenes, de sensaciones, su capacidad plástica y evocadora es enorme, convirtiéndose en un poeta en prosa o en un novelista lírico. Pedro Salinas dijo de él que era «el mejor poeta de la naturaleza, de nuestro siglo».

EL ÁGUILA Y EL PASTOR

Un águila seguía siempre al rebaño. Su grito resonaba en todo el ámbito azul del día; las ovejas se paraban mirándola; a veces volaba tan terrera * que se sentía el ruido de sus plumas y de su pico, y toda su sombra pasaba por los vellones de las reses.

Tendíase el pastor encima de la grama; y se apretaba el ganado contra el peñascal del resistero. Todo el hondo era de sol: labranza roja, árboles tiernos, huertas cerradas, caseríos como escombros, caminos hundidos en el horizonte de humo...

El pastor pensó: «Veo más mundo del que podré caminar en mi vida, y él no me ve; si ahora viniese el hijo del amo, y yo lo despeñara, nadie lo sabría, estando delante de tanta tierra.»

Se revolvía muy contento, hundiendo la nuca en el herbazal; pero le roía la frente una inquietud como de párpado que quiere abrirse, y alzaba los ojos. Agarrada a las esquinas de un tajo, doblándose toda, le miraba el águila. El pastor botaba, y maldecía, y apuñazaba * el aire como un poseído. Crujía su honda, y zumbaba su cayado. Y el águila se iba elevando.

Cuando se acostaba en la besana * la sombra del monte, el pastor recogía su rebujal *; el mastín sendereaba * a los recentales y acudía por las ovejas zagueras *. Arriba, despacio y recta volaba el águila, vigilándoles su camino.

Toda la soledad estaba para el hombre llena del furor de los ojos del ave flaca y rubia; se sentía adivinado en sus pensamientos. ¿No hubo palomas enamoradas de hombres y corderos apasionados de mujeres? Pues el pastor y el águila se aborrecían. «¿Desde dónde estará mirándome ahora?», se preguntaba de noche el pastor. Y escondió armadijos * cerca de la majada, y les puso cebo de carroña, de tasajo * y hasta el pan de su comida.

Despertábale un temblor de huesos, de aletazos, de gañiles *. En los cepos se retorcían raposas, grajas, perros, buhos...; y el pastor los aplastaba con sus esparteñas * y con sus manos. No eran ellos los aborrecidos, y porque no eran los aborrecía y los chafaba. Y una mañana su risa y su voz rodaron triunfalmente por el valle. El águila aleteaba, desgraciada y magnífica, sangrándole las garras entre los muelles de presas. Recostóse el pastor a su lado y estuvo aguardando todo el sol para regodearse mirándola; quiso verse dentro de sus ojos inmóviles de brasas redondas, y en esas lumbres se estremecía una frialdad de bravura y de señorío indomable. Se los hubiera reventado, mordiéndolos como un fruto, lo mismo que ella a él, si el pastor hubiese muerto en el desamparo del monte. Pero, cegándola, ya no sabría que él la miraba. La miraba implacablemente. El águila entreabrió el pico convulso; se le doblaban las alas como unos hombros desventurados con su manto de hermosura a cuestas como una cruz. Vino el mastín; la rodeó latiéndole y humeándole las fauces. La cabeza del águila se erguía, toda tallada, sobre el azul, como la proa de una nave sobre el horizonte, y en sus ojos encendidos se reflejaba el perro, el pastor y un círculo gozoso de la mañana campesina.

«¿Cómo la mataré?», pensaba el pastor. ¿Cómo la mataría para que durase mucho muriendo? Entonces el mastín y el amo se miraron culpablemente; y el perro embistió. No pudo llegar a la cautiva, y le brincó la lengua en la tierra como un sacre * herido, y le crujieron las quijadas. «¡No te atreves con ella!» —le dijo sin voz la risa gorda del amo—. Era verdad: no se atrevía. En torno del águila bramaba el aire con el ímpetu de su aliento, de sus plumas erizadas, de su rencor trágico. Y al pastor se le hinchaban de rabia las venas de su frontal, porque tampoco él osaba agarrarla ni acometerla. Levantóse de súbito, y se fue a su rancho. Dejó al mastín guardando el águila. No podía escaparse, pero es que no quería que descansara viéndose sola ni un instante. Un instante tardó en volver; trajo un bozal * viejo.

Acudió gente: un labrador, una vieja del caserío, un arriero que pasaba, un chico que iba a la escuela rural. Y le preguntaron:

—¿Es ésta el águila que te seguía siempre como tu alma?

El chico quería que se la diesen para holgarse en la lección *. La vieja le pidió una pluma remera, y una uña, y el entresijo, para hacer remedios de aojamientos * y enfermedades. Todos rodearon al águila y le pusieron el bozal de perro trenzándole las ataderas de alambre. Después la arrancaron del cepo como si ya fuese una oca. Le colgaba un dedo, y el pastor se lo quebró del todo, tirándoselo al mastín, que lo cogió de un brinco y en seguida lo soltó y le huía como si le diese la sensación de toda el ave. Se la llegaba el pastor a los ojos. Dentro de la reja del bozal, la cabeza del águila tenía un infortunio pavoroso, y su mirada ardía tan humanamente, que el pastor se la apartó, porque, estando tan cerca, le angustiaba el bozal, como si fuese él quien lo llevara clavado en su carne y en su sangre.

Todos la cogían, pasándola de brazo en brazo; la tentaban la pechuga, soplándole al plumón para verle los piojos en la piel desnuda; le apretaban el pico, quitándole el resuello; sentían el palpitar de sus párpados; le rascaban las conchas y el callo de sus garfas *. Removióse todo el animal en una sacudida delirante; tronó un aletazo duro y brincó entre el sol.

Y la gente decía:

—Se morirá como un perro, un perro en el cielo y en las cumbres.

—Se morirá de reconcomio como una persona y cuando era feliz.

Y la miraban, riéndose. El águila iba entrándose en el azul, gloriosa y libre, con el bozal de perro.

El ángel, El molino, El caracol de faro (1921), Madrid, Biblioteca Nueva, 1938, pp. 31-35.

WENCESLAO FERNÁNDEZ FLÓREZ (1884-1964)

Periodista y novelista gallego. Sus obras oscilan entre un lirismo con tintes amargos y un humorismo escéptico. Las principales son: Volvoreta *(1917),* El secreto de Barba Azul *(1923),* El malvado Carabel *(1931).* El bosque animado *(1944) está constituido por una serie de relatos en torno a un bosque gallego, impregnados de poesía y humanidad. El paisaje, las costumbres y los tipos, las diversas historias amorosas, de bandidos, almas en pena, de animales y plantas, etc., componen una verdadera obra maestra.*

LA FRAGA DE CECEBRE

[...].

Un día llegaron unos hombres a la fraga * de Cecebre, abrieron un agujero, clavaron un poste y lo aseguraron apisonando guijarros y tierra a su alrededor. Subieron luego por él, prendiéronle varios hilos metálicos y se marcharon para continuar el tendido de la línea.

Las plantas que había en torno del reciente huésped de la fraga permanecieron durante varios días cohibidas con su presencia, porque ya se ha dicho que su timidez es muy grande. Al fin, la que estaba más cerca de él, que era un pino alto, alto, recio y recto, dijo:

—Han plantado un nuevo árbol en la fraga.

Y la noticia, propagada por las hojas del eucalipto que rozaban al pino, y por las del castaño que rozaban al eucalipto, y por las del roble que tocaban las del castaño, y las del abedul que se mezclaban con las del roble, se extendió por toda la espesura. Los troncos más elevados miraban por encima de las copas de los demás, y cuando el viento separaba la fronda, los más apartados se asomaban para mirar.

—¿Cómo es? ¿Cómo es?

—Pues es —dijo el pino— de una especie muy rara. Tiene el tronco negro hasta más de una vara sobre la tierra, y después parece de un blanco grisáceo. Resulta muy elegante.

—¡Es muy elegante, muy elegante! —transmitieron unas hojas a otras.

—Sus frutos —continuó el pino fijándose en los aisladores— son blancos como las piedras de cuarzo y más lisos y más brillantes que las hojas del acebo.

Dejó que la noticia llegase a los confines de la fraga y siguió:

—Sus ramas son delgadísimas y tan largas que no puedo ver dónde terminan. Ocho se extienden hacia donde el sol nace y ocho hacia donde el sol muere. Ni se tuercen ni se desmayan, y es imposible distinguir en ellas un nudo, ni una hoja ni un brote. Pienso que quizá no sea ésta su época de retoñar, pero no lo sé. Nunca vi un árbol parecido.

Todas las plantas del bosque comentaron al nuevo vecino y convinieron en que debía de tratarse de un ejemplar muy importante. Una zarza que se apresuró a enroscarse en él declaró que en su interior se escuchaban vibraciones, algo así como un timbre que sonase a gran distancia, como un temblor metálico del que no era capaz de dar una descripción más precisa porque no había oído nada semejante en los demás troncos a los que se había arrimado. Y esto aumentó el respeto en los otros árboles y el orgullo de tenerlo entre ellos.

Ninguno se atrevía a dirigirse a él, y él, tieso, rígido, no parecía haber notado las presencias ajenas. Pero una tarde de mayo el pino alto, recio y recto se decidió... sin saber cómo. Su tronco era magnífico y valía muy bien veinte duros, aunque él ni siquiera lo sospechaba y acaso, de saberlo, tampoco cambiase su carácter humilde y sencillo. El caso es que aquella tarde fue la más hermosa de la primavera; las hojas, de un verde nuevo, eran grandes ya y cumplían sus funciones con el vigor de órganos juveniles; la savia recogía del suelo húmedo sustancias embriagadoras; todo el campo estaba lleno de flores silvestres y unas nubecillas se iban aproximando con lentitud al Poniente, preparándose para organizar una fiesta de colores al marcharse el sol. Quiso la suerte que una leve brisa acudiese a meter sus dedos suaves entre la cabellera de la fronda, tupida y olorosa como la de una novia, y bajo aquella caricia la fraga ronroneó un poquito, igual que un gato al que rascasen la cabeza, y luego se puso a cantar.

Como estaba contenta y en la plenitud de su vigor, prefirió de su repertorio una canción burlesca: la que copia el atenuado fragor del tren cuando avanza, todavía muy lejos, entre los pinares de Guísamo. Es la que más divierte a los árboles, porque lo imitan tan bien que muchos aldeanos que pasan por las veredas se dan a correr al escucharla, creyendo que el convoy está próximo y que les será difícil alcanzarlo. Con esto los árboles gozan como niños traviesos.

El pino, cantando en sordina entre los largos dientes de sus hojas, tenía un papel principal en el coro del bosque y merecía la fama de dominar la onomatopeya *. Su propia felicidad, el alborozo pueril de aquella diablura, le movió a decirle al poste:

—¿No quiere usted cantar con nosotros?

El poste no contestó.

—Seguramente —insistió el pino, inclinando su copa en una cortesía— su voz es delicada y armoniosa, y a todos nos agradará que se una a las nuestras.

El poste silbó malhumorado.

—¿Y a qué viene eso? ¿Qué cantan ustedes?

—Imitamos a un tren remoto.

—¿Y para qué? ¿Son ustedes el tren?

—No —reconoció el pino, avergonzado.

—Entonces, ¿qué pretenden con esa mixtificación *? Ya que usted me interpela, le diré que no encuentro seria su conducta.

—¿Quizá le agrada más la canción de la lluvia?

—No.

—¿Acaso la canción del mar?

—Ninguna de ellas. Este es un bosque sin formalidad. ¿Quién podría creer que árboles tan talludos pasasen el tiempo cantando como ranas? Yo no canto nunca, susurro apenas. Si ustedes acercasen a mí sus oídos, escucharían el murmullo de una conversación, porque a través de mí pasan las conversaciones de los hombres. Eso sí que es maravilloso. Sepan que vivo consagrado a la ciencia y que yo mismo soy ciencia y que todo lo que ustedes hacen a mi alrededor lo reputo como bagatela y sensiblería, si alguna vez me digno abandonar mis abstracciones y reparar en ello.

La opinión del poste pronto fue conocida en toda la fraga y ya no se atrevieron a entregarse a aquel entretenimiento que el árbol extraño y solemne, de ramas de alambre, acusaba de frivolidad. Llegó el verano y los pájaros se hicieron entre la fronda tan numerosos como las mismas hojas. El eucalipto, que era más alto que el pino y que los más viejos árboles, daba albergue a una pareja de cuervos y estaba orgulloso de haber sido elegido, porque esas aves buscan siempre los cúlmenes muy elevados y de acceso difícil. Un día en que su esencia se evaporaba al fuerte sol con tanta abundancia que todo el bosque olía a eucalipto, se decidió a conversar con el poste y le dijo:

—He notado que no adoptó usted ningún nido, señor. Quizá porque no conoce aún a los pájaros que aquí viven y no ha hecho su elección. Me gustaría orientarle, pues supongo que usted sostendría un nido con agrado. Nos convierten en algo así como un regazo maternal. Yo alojo a unos cuervos. No molestan, pero confieso que son poco decorativos. Quisiera recomendarle a usted las oropéndolas. Ya habrá visto que hay oropéndolas en Cebre. Pues bien, cuelgan sus nidos con tanta belleza y originalidad que no desmerecerían de las que a usted le ennoblecen.

El poste crujió:

—¿Para qué quiero yo sostener nidos de pájaros y soportar sus arrullos y aguantar su prole? ¿Me ha tomado usted por una nodriza? ¿Cree que soy capaz de alcahuetear amoríos? Puesto que usted me habla de ello, le diré que repruebo esa debilidad que induce a los árboles de este bosque a servir de hospederos a tantas avecillas inútiles que no alcanzan más que a gorjear. Sepa de una vez para siempre que no se atreverán a faltarme al respeto amasando sobre mí briznas de barro. Los pájaros que yo soporto son de vidrio o de porcelana, y no les hace falta plumaje de colorines, ni lanzarán un trino por nada del mundo. ¿Cómo podría yo servir a la civilización y al progreso si perdiese el tiempo con la cría de pajaritos?

Estas palabras circularon en seguida por la fraga, y los árboles hicieron lo posible para desprenderse de los nidos y para ahogar entre sus hojas el charloteo de los huéspedes alados que iban a posarse en las ramas.

Sobre el tronco del pino resbalaron una vez diáfanas gotas de resina que quedaron allí, inmovilizadas, como una larga sarta de brillantes. De ellas arrancaba el sol destellos de los siete colores, y el pino estaba satisfecho de ser —tan esbelto, tan oloroso y tan enjoyado— una maravilla viviente.

—¿Se ha fijado usted en mis collares? —se atrevió a preguntar al vecino.

—Sí —aprobó esta vez el poste—; claro que usted llama collares a lo que no son más que gotas de resina. Pero la resina es buena: es aisladora (el pino ignoraba de qué), y es más digno producirla que dedicarse a dar castañas, como ese árbol gordo que está detrás de usted. Cierto es que, por muchos esfuerzos que usted haga, no conseguirá crear un aislador tan bueno como los míos, pero algo es algo. Le aconsejo que se deje dar unos cortes en el tronco, a un metro del suelo, y así segregará más resina.

—¿No será muy debilitante? —temió, estremeciéndose el pino.

—Naturalmente, debilita mucho, pero resulta más serio. No crea usted que eso se opone a hacer una buena carrera.

—¡Ah! —exclamó el árbol, que seguía sin entender.

—Hasta la favorece, si se me apura. Conocí varios pinos que fueron sangrados abundantemente, que trabajaron desde su edad adulta para la Resinera Española. Y ahí los tiene usted ahora con muy buenos puestos en la línea telegráfica del Norte, dedicados también a la ciencia.

Aquel año los vendavales de invierno fueron prolongados y duros. Durante varios días seguidos los árboles no conocieron el reposo. Incesantemente encorvados, cabeceando y retorciéndose, llenaban el bosque del ruido siniestro de sus crujidos y del batir de sus ramas. Les era imposible descansar de tan violento ejercicio y sus hojas secas, arrebatadas por el huracán, parecían llevar demandas de socorro. Temblaban desde las raíces hasta las más débiles ramas, y el viento no se compadecía. A la tercera noche, un cedro no pudo más y se desplomó, roto. Las ramas de algunos compañeros próximos intentaron sostenerlo, pero estaban cansadas también y se quebraron y dejaron resbalar hasta el suelo al bello gigante, con un golpe que resonó más allá de la fraga. Todo fue duelo. El hueco que deja en un bosque un árbol añoso es tan entristecedor y tan visible como el que deja un muerto en su hogar. Unicamente el poste pareció alegrarse.

—Al fin se decidió a cumplir su destino —declaró—. Ahora podrán hacerse de él muy hermosas puertas, que es para lo que había nacido; no para esconder gorriones y para tararear tonterías. Y ustedes aprendan de él. ¿Qué hace ahí ese nogal? Otros muchos más jóvenes he tratado yo cuando se estaban convirtiendo en mesas de comedor y en tresillos para gabinete. ¿Y aquel castaño gordo, tan pomposo y tan inútil? ¿A qué espera para dar de sí varios aparadores? ¡Pues me parece a mí que ya es tiempo de que tenga juicio y piense en trabajar gravemente! ¡Vaya una fraga ésta! ¡No hay quien la resista! Si yo no estuviese absorto en mis labores técnicas, no podría vivir aquí.

Los pareceres de aquel vecino tan raro y solemne influyeron profundamente en los árboles. Las mimbreras se jactaban de tener parentesco con él porque sus finas y rectas varillas semejábanse algo a los alambres; el castaño dejó secar sus hojas porque se avergonzaba de ser tan frondoso; distintos árboles consintieron en morir para comenzar a ser serios y útiles, y todo el bosque, grave y entristecido, parecía enfermo, hasta el punto de que los pájaros no lo preferían ya como morada.

Pasado cierto tiempo, volvieron al lugar unos hombres muy semejantes a los que habían traído el poste; lo examinaron, lo golpearon con unas herramientas, comprobaron la fofez de madera carcomida por larvas de insectos, y lo derribaron. Tan minado estaba, que al caer se rompió.

El bosque hallábase conmovido por aquel tremendo acontecimiento. La curiosidad era tan intensa que la savia corría con mayor prisa. Quizá ahora pudieran conocer, por los dibujos del leño, la especie a que pertenecía aquel ser respetable, austero y caviloso.

—¡Mira e infórmanos! —rogaron los árboles al pino.

Y el pino miró.

—¿Qué tenía dentro?

Y el pino dijo:

—Polilla.

—¿Qué más?

Y el pino miró de nuevo:

—Polvo.

—¿Qué más?

Y el pino anunció, dejando de mirar:

—Muerte. Ya estaba muerto. Siempre estuvo muerto.

Aquel día el bosque, decepcionado, calló. Al siguiente entonó la alegre canción en que imita a la presa del molino. Los pájaros volvieron. Ningún árbol tornó a pensar en convertirse en sillas y en trincheros. La fraga recuperó de golpe su alma ingenua, en la que toda la ciencia consiste en saber que de cuanto se puede ver, hacer o pensar, sobre la tierra, lo más prodigioso, lo más profundo, lo más grave es esto: vivir.

El bosque animado (1944), Madrid, Espasa-Calpe, 1965, pp. 14-21.

Ignacio Aldecoa (1925-1969)

Novelista y cuentista español, muerto en plena madurez artística. Sus principales novelas son: Gran Sol *(1957),* El fulgor y la sangre *(1954) y* Con el viento solano *(1956), que tratan, respectivamente, sobre la pesca de altura de los marineros vascos, el mundo de la guardia civil rural y el de los gitanos.*

Aldecoa es uno de los más importantes escritores de relatos cortos de la postguerra española, publicados en diversos libros y recogidos en dos volúmenes de Cuentos completos *(1973). Sus relatos que son, frecuentemente, fragmentos de vidas, historias sencillas de personas humildes y marginales, pero siempre llenas de humanidad, se centran en «la pobre gente de España», en una «realidad española cruda y tierna a la vez», inédita en nuestra narrrativa. Hay que destacar su estilo cuidado y expresivo y los aciertos en la observación de tipos y ambientes.*

BALADA DEL MANZANARES

Del oeste al sur, largas agujas de nubes de dulzón color corinto. Del oeste al norte, el templado azul del atardecer. Al este, las fachadas pálidas, los cavernosos espacios, la fosfórica negrura de la tormenta y de la noche avanzando. Alta, lejana, como una blanca playa, la media luna.

De los campos cercanos llega un aire adelgazado, frío, triste. Los humos de las locomotoras, los humos de la cremación de las hojas secas, los humildes humos de las chabolas de la ribera derecha, empañan la cristalina atardecida. Murciélagos revolando el cauce del río chirrían sus gritos, trapean * sus alas. La arboleda es un flotante, neblinoso verde. El Manzanares se tersa y opaca en una larga fibra mate. No cesa, no calla, el irritante altavoz del último merendero, del merendero del otoño. Colmena * un avión en el cielo del ocaso, verdeamarillo ya, sobre los cerros negros de la Casa de Campo.

De los talleres caminan los obreros a la ciudad. De los talleres, una cansada fuerza de río caudal, que se ha de perder en laberintos urbanos hasta mañana de la contracorriente; la mañana inhóspita, agria, de los talleres...

Faroles de gas. Bajo la vegetal luminosidad de un farol alguien espera. Los faroles hacen más vagos los perfiles del atardecer, más lejano el permanente *flash* de la media luna, más profundos los oscuros de la arboleda. Bajo el farol de gas se acaba la espera.

—Hola, Pilar.
—Hola, Manuel.
—¿Vamos, Pilar?
—Vamos, Manuel.
—¿Vamos hacia la estación, Pilar?
—Vamos donde tú digas, Manuel.
—¿A tomar un vermut, Pilar?
—Yo, un café con leche, Manuel.
—Tú, un café con leche, Pilar, y yo...
—Tú, un vermut, Manuel.
—¿En el bar *Narcea,* Pilar?
—Mejor en *Cubero,* Manuel.
—En el *Narcea* es mejor el café, Pilar.
—En *Cubero* dan más tapa con el vermut, Manuel.

—Estás muy guapa, Pilar.
—¿Sí, Manuel?
—Sí, Pilar.
—¿Te gusto, Manuel?
—Sí, Pili.
—¡Qué bien, Manolo! Te quiero.
—¿Mucho, Pili?
—Mucho, Manolo. ¿Y tú?
—Mucho, Pili.
El ferroviario Manuel se escalofría. Pregunta:
—¿Vamos, Pilar?
—Vamos, Manuel.
A los novios les gusta repetir los nombres; a los jefes les gusta repetir los apellidos. El jefe de la parada de tranvías de la Estación del Norte da órdenes. Grita al cobrador del tranvía de Campamento:
—González, cambie el trole; dése prisa... González, páseme el estadillo... González, ¿me oye?
Grita al conductor del tranvía de Campamento:
—Rodero, cinco minutos de retraso... Rodero, que hay que recuperar... Rodero, salga en seguida.
Grita al viejo guardavías:
—Muñoz, no se duerma... Muñoz, vamos ya... Muñoz, ojo al 60.
Los soldados patinan sobre los herrajes de las botas entrando en el Metro atropelladamente. La cerillera joven se desgañita:
—¡Tíos asquerosos, borricos!
La castañera la apoya:
—Son como salvajes.
El ciego mueve la cabeza:
—Cuarenta iguales.
Desde su quiosco, la vendedora de periódicos contempla la vida aburridamente; contesta a un cliente:
—«Marca» se ha acabado.
Pilar y Manuel han pasado el bar del buen café y el bar de la gran tapa. Entran en *Revertito*. Tienen que reñir un poco, deben reñir un poco. Es el amor.
—¿Por qué tienes que estar a las ocho en tu casa, Pilar?
—Te lo he dicho tres veces, Manuel.
Manuel se pone flamenco, porque es parte del juego.
—No me vale, Pilar.
Pilar se desespera falsamente, porque sabe que debe hacerlo.
—¡Cómo eres, Manolo!
Manuel hace un silencio. Pilar insiste.

—Es que mi madre me ha dicho...

—Tu madre...

—Es que mi madre, hasta que nos casemos, es la que manda.

—Es que puede que no nos casemos.

Pilar hace un silencio; tiene los ojillos brillantes. Manuel se crece.

—Es que esto va muy mal y puede que no nos casemos...

Pilar no despega los labios. Continúa Manuel:

—...porque ya estoy harto, ya estoy que no aguanto un pelo...

Pilar fija los ojos en el espejo de detrás del mostrador. Manuel se pasa de la raya.

—... ¡Me vas a decir tú!... Te dejo y me olvido, y se acaba tanta gaita.

Pilar reacciona. Se yergue orgullosa, digna, superior.

—También me estoy cansando yo. Cuando quieras, lo dejamos. Cuando quieras, te vas; pero para siempre, nada de volver. Para siempre, ¿lo entiendes?

Manuel encuentra que la mejor manera de quedar bien, de quedar como un hombre, es pedir un vermut más.

—Otro vermut.

Pilar taconea, fingiéndose distraída, contemplando la glorieta a través de los ventanales. Manuel procura ser irónico.

—¿Mucha prisa?

El taconeo de Pilar tiene ritmo creciente.

—Ya lo sabes.

—Tu madre, ¿verdad?

Pilar hace un gesto; aprieta los labios; luego dice:

—Bueno, ¿vienes o te quedas?

Es de noche. Los nubarrones de la tormenta se han extendido hacia el sur. Manuel lleva la zamarra de cuero abierta, porque siente el sofoco de los vermuts. Pilar camina a su lado, en silencio. Manuel silba.

Es de noche. Los relámpagos se pierden en el llanón. El cambio de troles en la parada fabrica relámpagos. El jefe se distrae hablando con el guardia de la salida de coches de la estación. Una larga fila de soldados espera el tranvía de Campamento. La cerillera joven conversa con un soldado galante.

—Te llevo al cine cuando tú digas.

La cerillera frunce los labios.

—Para cines estoy yo.

—Al que tú digas, preciosa.

—Pero, criatura, ¿tú te crees que voy a ir al cine con un biberón como tú? ¡Anda ya!...

El soldado se desconcierta momentáneamente; se recupera en seguida.

—Chata que te conozco.

—¿Tú? ¿A mí? ¡Anda ya!...

Un compañero del soldado galante le grita desde la larga fila del tranvía.

—Luis, vente ya, que lo pierdes.

El soldado Luis se encampana en la despedida.

—Mañana te vengo a buscar, rica.

—¡Que te frían!

—Te llevo al cine o donde tú quieras.

—No tienes tú dinero para llevarme donde yo quiero.

—Hasta mañana, chata.

El soldado Luis corre hacia el tranvía. La cerillera joven atiende a un cliente.

—Una peseta son cinco.

—Deme cinco.

Es de noche. Antes de llegar a la glorieta de San Antonio, Manuel compra cacahuetes en el puesto del paisano, que también vende fruta, patatas fritas, pepinillos en vinagre y cordones para los zapatos. Da como gusto pensar lo bien que se debe de estar dentro del puesto del paisano, charlando con la novia, los pies junto a un brasero y comiendo cacahuetes.

—¿Quieres, Pili?

Manuel se somete poco a poco. Pilar no contesta.

—Anda, Pili, que los he comprado para ti, porque sé que te gustan.

A Manuel le han enternecido los vermuts.

—Anda, no seas tonta, Pili; cómete uno, sólo uno, para que vea que no estás enfadada.

Manuel la coge del brazo. Pilar camina fría, grave.

—Pili, que te quiero.

Hay un silencio.

—Anda, Pili, que te pido perdón. ¿Me perdonas?

Pilar concede:

—No tengo que perdonarte nada, Manuel.

—Sí, Pili; me tienes que perdonar. ¿Me perdonas?

—Te perdono, Manuel.

La mano de Pilar busca la mano de Manuel. La estrecha fuertemente.

—Es que eres, Manolo... Mira que la gozas haciéndome sufrir...

—Ya está olvidado, ¿verdad, Pili?

—Sí que está olvidado, Manolo; pero eres...

—¿Quieres un cacahuete, Pili?

—Sí, Manolo.

—¿Te lo pelo, Pili?

—Como tú quieras, Manolo.
—Pues suéltame la mano, Pili.
Manuel le da los cacahuetes a la boca.
—¿Quieres más?
—No, Manolo, que me ahogo.
Por el paseo de la orilla del río las sombras de los árboles forman un túnel. En las aguas del Manzanares navega la media luna fosfórica, titubeante, profunda. En lo lejos, corriente arriba, ladra un perro.
—¿Te ahogarías conmigo, Pili?
—No me importaría si fuéramos los dos. Me ahogaría contigo.
—Pili...
Manuel hace una pausa.
—Pili, ¿vas a hablar de lo nuestro para pronto?
—Sí, Manolo.
—Nos casaremos antes de Navidod.
—Lo que tú digas, Manolo.
El perro sigue ladrando; a la luna, a la oscuridad y al amor. Las nubes han crecido del sur al oeste.
—Vámonos de lo oscuro, Manolo.
El rumor del río se hace pequeño.
—Vámonos de lo oscuro, Manolo.
—Pili...
—Vámonos, Manolo.
—Vámonos.
En la noche, corriente arriba, el perro ha dejado de ladrar. La luna navega cielo raso tras las nubes. El agua del Manzanares ya es negra.

(1955, con el título *La luna en el Manzanares.*) *Cuentos completos,* vol. I, Madrid, Alianza, 1972, páginas 218-223.

Jesús Fernández Santos (1926)

Uno de los más importantes novelistas actuales. Entre sus novelas destacan: Los bravos *(1954) que inicia el realismo social y es una obra clave en la novelística española de postguerra,* En la hoguera *(1957),* El hombre de los santos *(1969),* El libro de las memorias de las cosas *(1971),* Extramuros *(1978), etc. Ha escrito también diversos libros de cuentos, reunidos en* Cuentos completos *(1979). Destaca en Fernández Santos el cuidado formal dentro de un lenguaje sobrio y expresivo.*

CABEZA RAPADA

Era un viento templado. Las hojas volaban llenando la calzada, remontándose hasta caer de nuevo desde las copas de los árboles. Su cabeza rapada al cero, aparecía oscura del sudor y el sol, como las piernas con sus largos pantalones de pana. No había cumplido los diez años; era un chico pequeño. Ibamos andando a través de aquel amplio paseo, mecidos por el rumor de los frondosos eucaliptus, envueltos en remolinos de polvo y hojas secas que lo invadían todo: los rincones de los bancos, las vías... Menudas y rojizas, pardas, como de castaño enano o abedul, llenaban todos los huecos por pequeños que fuesen, pegándose a nosotros como el alma al cuerpo.

Cruzaban sombras negras, luminosas, de los coches; los faros rojos atrás, acentuando su tono hasta el morado. Aunque no hacía frío nos arrimamos a una hoguera en que el guarda de las obras quemaba ramas de eucaliptus esparciendo al aire un agradable olor a monte abierto. Allí estuvimos un buen rato, llenando de él nuestros pulmones, hasta que el chico se puso a toser de nuevo.

—¿Te duele? —le pregunté.

Y contestó:

—Un poco —hablando como con gran trabajo.

—Podemos estar un poco más, si quieres.

Dijo que sí, y nos sentamos. Eran enormes aquellos árboles, flotando sobre nosotros, cantando las ráfagas en la copa con un zumbido constante que a intervalos subía; y, más allá del pilón donde el hilo de la fuente saltaba, se veía a la gente cruzar, la ropa pegada al cuerpo, íntimamente unidas las parejas.

El chico volvió a quejarse.

—¿Te duele ahora?

—Aquí, un poco...

Se llevó la mano bajo la camisa. Era la piel blanca, sin rastro de vello, cortada como las manos de los que en invierno trabajan en el agua. Otra vez tenía miedo. Yo también, pero me esforzaba en tranquilizarle.

—No te apures; ya pasará como ayer.

—¿Y si no pasa?

—¿Te duele mucho?

El guarda nos miraba con recelo, pero no dijo nada cuando nos recostamos en el cajón de las herramientas. Freía sardinas en una sartén de juguete. A la luz anaranjada de la llama, el olor de la grasa se mezclaba al aroma de la madera que ardía.

—Ese chico no está bueno...

—¡Qué va! No es más que frío...

El chico no decía palabra. Miraba el fuego pesadamente, casi dormido.

—No está bueno...

Ahora no tenía un gesto tan hosco. El chico escupió al fuego y guardó silencio.

—Va a coger una pulmonía, ahí sentado.

Me levanté y le cogí del brazo, medio dormido como estaba.

—Vamos —dije—; vámonos.

Le fui llevando, poco a poco, lejos del fuego y de la mirada del guarda.

Mientras andábamos, por animarle un poco, froté aquella cabeza monda y suave, con la mano, al tiempo que le decía:

—¡Que no es nada, hombre!

Pero él no se atrevía a creerlo, y por si era poco, vino de atrás la voz del otro:

—¡Le debía ver un médico!

—Ya lo vio ayer.

Esto pasó con el médico: Como no conocíamos a nadie, fuimos al hospital, y nos pusimos a la cola de la consulta, en una habitación alta y blanca, con un ventanillo de cristal mate en lo más alto y dos puertas en los extremos abriéndose constantemente. La gente aguardaba en bancos, a lo largo de las paredes, charlando; algunos en silencio, los ojos fijos, vagos, en la pared de enfrente. La enfermera abría una de las puertas, diciendo: «Otro», y el que en aquel momento salía, saludaba: «Buenos días, doctor».

Una mujer olvidó algo y entró de nuevo en la consulta. Salió aprisa, sin ver a nadie, sin saludar. Exclamaba algo que no entendimos bien. Todos miraron las baldosas, como si cada cual no pudiera soportar la mirada de los otros, y un hombre joven, de cara macilenta, maldijo muchas veces en voz baja.

El médico auscultaba al chico y, al mismo tiempo, me miraba a mí. Nos dio un papel con unas señas para que fuéramos al día siguiente.

—¿Es hermano tuyo?

—No.

Al día siguiente no fuimos donde el papel decía.

Se inclinó un poco más. Debía sufrir mucho con aquella punzada en el costado. Sudaba por la fiebre y toda su frente brillaba, brotada de menudas gotas. Yo pensaba: «Está muy mal. No tiene dinero. No se puede poner bien porque no tiene dinero. Está del pecho. Está listo. Si pidiera a la gente que pasa, no reuniría ni diez pesetas. Se tiene que morir. No conoce a nadie. Se va a morir porque de eso se muere todo el mundo. Aunque pasara el hombre más caritativo del mundo, se moriría.»

Reunimos tres pesetas. Decidimos tomar un café y entrar en calor.

—Con el calor se te quita.

Era un café vacío y mal alumbrado, con sillas en los rincones. La barra estaba al fondo, de muro a muro, cerrando una esquina, con el camarero más viejo sentado porque padecía del corazón, y sólo para los buenos clientes se levantaba. Tres paisanos jugaban al dominó. Llegaban los sones de un tango entre el soplido del exprés y los golpes de las fichas sobre el mármol.

Sólo estuvimos un momento; lo justo para tomar el café. Al salir todo continuaba igual: el viejo tras el mostrador, mirando sus pies hinchados; los otros jugando, y el que andaba en la radio, con los botones en la mano. La música y la luz parecían ir a desaparecer de pronto. Viéndolos por última vez, quedaban como un mal recuerdo, negro y triste.

En el paseo, bajo los árboles, de nuevo empezó a quejarse, y se quiso sentar. Pisábamos el césped a oscuras. Buscó un árbol ancho, frondoso, y apoyado en él su espalda, rompió a llorar. De nuevo acaricié la redonda cabeza, y al bajar la mano me cayó una lágrima. Lloraba sobre sus rodillas, sobre sus puños cerrados en la tierra.

—No llores —le dije.

—Me voy a morir.

—No te vas a morir, no te mueres...

Cabeza rapada (1958), Barcelona, Seix Barral, 1982 [3], páginas 11-15.

José María Merino (1941)

Se dio a conocer como narrador con su libro Novela de Andrés Choz *que obtuvo en 1976 el Premio Novelas y Cuentos. La novela* El caldero de oro *(1981) y el libro de relatos* Cuentos del Reino Secreto *(1982) han venido a confirmar la personalidad literaria de un escritor que aúna, con singular maestría, una depurada técnica y un estilo que mantiene al límite su autonomía expresiva. El mundo narrativo de José María Merino está abier-*

to a los ámbitos de la fantasía, pero sustentado sobre la realidad y tradición de donde proceden sus señas personales: la cultura del Noroeste, el latido ancestral de enraizadas supervivencias de unos paisajes, físicos y míticos, que se hermanan con sus variantes nórdicas europeas. Una literatura heredera de las fuentes orales, de la imaginación popular que siempre sintonizó lo particular con lo universal.

EL NIÑO LOBO DEL CINE MARI

La doctora estaba en lo cierto: ningún proceso anormal se desarrollaba dentro del pequeño cerebro, ninguna perturbación patológica. Sin embargo, si hubiese podido leer el mensaje contenido en los impulsos que habían determinado aquellas líneas sinuosas, se hubiera sorprendido al encontrar un universo tan exuberante: el niño era un pequeño corneta que tocaba a la carga en el desierto, mientras ondeaba el estandarte del regimiento y los jinetes de Toro Sentado preparaban también sus corceles y sus armas, hasta que el páramo polvoriento se convertía en una selva de nutrida vegetación alrededor de una laguna de aguas oscuras, en la que el niño estaba a punto de ser atacado por un cocodrilo, y en ese momento resonaba entre el follaje la larga escala de la voz de Tarzán, que acudía para salvarle saltando de liana en liana, seguido de la fiel Chita. O la selva se transmutaba sin transición en una playa extensa; entre la arena de la orilla reposaba una botella de largo cuello que había sido arrojada por las olas; el niño encontraba la botella, la destapaba, y de su interior salía una pequeña columnilla de humo que al punto iba creciendo y creciendo hasta llegar a los cielos y convertirse en un terrible gigante verdoso, de larga coleta en su cabeza afeitada y uñas en las manos y en los pies, curvas como zarpas. Pero antes de que la amenaza del gigante se concretase de un modo claro, la playa era un navío, un buque sobre las olas del Pacífico, y el niño acompañaba a aquel otro muchacho, hijo del posadero, en la singladura que les llevaba hasta la isla donde se oculta el tesoro del viejo y feroz pirata.

Una vez más, la doctora observó perpleja las formas de aquellas ondas. Como de costumbre, no presentaban variaciones especiales. Las frecuencias seguían sin proclamar algún cuadro particularmente extraño.

Las ondas no ofrecían ninguna alteración insólita, pero el niño permanecía insensible al mundo que le rodeaba, como una estatua viva y embobada.

El niño apareció cuando derribaron el Cine Mari. Tendría

unos nueve años, e iba vestido con un traje marrón sin solapas, de pantalón corto, y una camisa de piqué. Calzaba zapatos marrones y calcetines blancos.

La máquina echó abajo la última pared del sótano (en la que se marcaban las huellas grotescas que habían dejado los urinarios, los lavabos y los espejos, y por donde asomaban, como extraños hocicos o bocas, los bordes seccionados de las tuberías) y, tras la polvareda, apareció el niño, de pie en medio de aquel montón de cascotes y escombros, mirando fijamente a la máquina, que el conductor detuvo bruscamente, mientras le increpaba, gritando:

—Pero qué haces ahí, chaval. Quítate ahora mismo.

El niño no respondía. Estaba pasmado, ausente. Hubo que apartarlo. Mientras las máquinas proseguían su tarea destructora, le sacaron al callejón, frente a las carteleras ya vacías cuyos cristales sucios proclamaban una larga clausura, y le preguntaban.

Pero el niño no contestó: no les dijo cómo se llamaba, ni dónde vivía. No les dio atisbo alguno de su identidad. Al cabo, se lo llevaron a la comisaría. Aquel raro atildamiento de maniquí antiguo, y el perenne mutismo, desconcertaban a los guardias. Al día siguiente, las dos emisoras daban la curiosa noticia, y en el periódico, por la mañana, salió una fotografía del niño, con su rictus serio y aquellos ojos fijos y ausentes.

La doctora puso en marcha el aparato y comenzó a oírse otra vez el cuento. En el niño hubo un breve respingo, y sus ojos bizquearon levemente, como agudizando una supuesta atención cuyo origen tampoco podía ser comprobado. Tanto los sonidos reproducidos a través de algún instrumento como las imágenes proyectadas de modo artificial, le hacían reaccionar del mismo modo, y producían unas ondas como de emoción o súbito interés. La doctora suspiró y le palmeó las pequeñas manos, dobladas sobre el regazo.

—Pero di algo.

El niño, una vez más, permanecía silencioso y absorto.

Al parecer, su nombre era Pedro. Al poco tiempo de haberse publicado la foto en el periódico, una señora llorosa se presentaba en la redacción con la increíble nueva de que el niño era hijo suyo, un hijo desaparecido hacía treinta años. La señora era viuda de un fiscal notorio por su dureza. Le acompañaba una hija cuarentona. Extendió sobre la mesa del director una serie de fotos de primera comunión en que era evidente el parecido. Acabaron por entregarle el niño a la señora, al menos mientras el caso se aclaraba definitivamente.

El hecho de que un niño desaparecido treinta años antes

(en un suceso misterioso que había conmovido a la ciudad y en el que se había aludido a causas de venganzas oscuras) apareciese de aquel modo, como si sólo hubiesen transcurrido unas horas, era tan extraño, tan fuera del normal acontecer, que a partir del momento en que se le atribuyó aquella identidad, ni la prensa ni la radio volvieron a hacerse eco de la noticia, como si el voluntario silencio pudiese limitar de algún modo lo monstruoso del caso.

Sin embargo, el asunto era objeto de toda clase de hipótesis, comentarios y conclusiones en mercados y peluquerías, oficinas y tertulias y, por supuesto, en cada uno de los hogares. Hasta tal punto el tema parecía extraño, que los amigos de la familia dudaban si lo más adecuado sería darle a la madre la enhorabuena o el pésame.

Al aparecido le llamaron «el niño lobo» desde que ingresó en la Residencia, aunque la doctora señalaba lo impropio de la denominación, ya que el niño no manifestaba ningún comportamiento por el que pudiese ser asimilado a aquel tipo de fenómenos, sino sólo una especie de catatonía, de rara estupefacción. Sin embargo, las extrañas circunstancias de su aparición, aquella presencia alucinada, sugerían realmente que el niño hubiese sido recuperado fortuitamente de algún remoto entorno, virgen de presencia humana.

Puso música y el niño tuvo otro pequeño sobresalto. Era un niño muy guapo. Ahora la miraba como si quisiera decirle algo, pero ella sabía que era inútil animarle. Aquella supuesta intención era sólo una figuración suya. El desconocido pensamiento del niño estaba muy lejos. Era una verdadera pena.

—Hoy te voy a llevar al cine —dijo la doctora.

Primero, le reconocieron en la Residencia. Luego, la familia le había trasladado a Madrid, buscando esa mayor ciencia que siempre en provincias se atribuye a la capital. Pero no hubo mejores resultados. Cuando volvió, el niño mantenía la misma presencia atónita y, aunque las hermanas hablaban de llevarle a California (donde al parecer las cosas del cerebro estaban muy estudiadas), la madre se había acostumbrado ya a la presencia inerte de aquel gran muñeco de carne y hueso, y posponía la decisión de separarse de él.

De vuelta a la ciudad, el niño seguía subiendo a la Residencia, donde la doctora le miraba todas las semanas. La doctora era bastante joven, y se estaba tomando el caso con mucho interés. Además de las connotaciones médicas y científicas del asunto, le fascinaba la impasibilidad de aquel pequeño ser mudo, cuyos ojos parecían mostrar, junto a un gran olvido, un desolado desconcierto.

La evidente influencia que producía en el cerebro del niño cualquier imagen o sonido proyectado a través de medios artificiales, le había sugerido la idea de llevarle al cine. La doctora era poco aficionada al cine, sobre todo por una falta de costumbre que provenía de su origen rural, de un internado severo de monjas y de una carrera realizada con bastantes esfuerzos y poco tiempo de ocio. Sus descansos vespertinos solía esmplearlos en la lectura de temas vinculados a su profesión, y sólo de modo ocasional (y más como ejercitando un obligado rito colectivo, donde lo menos significativo era el espectáculo en sí) asistía a la proyección de alguna película que la publicidad o los compañeros proclamaban como verdaderamente importante.

La idea le surgió al ver las largas colas llenas de niños que rodeaban al Emperador. Al parecer, se trataba de una de esas películas de enorme éxito en todas partes, que se pregonan como muy apropiadas al público infantil, con batallas espaciales y mundos imaginarios.

La doctora se proponía observar cuidadosamente al niño a lo largo de toda la sesión, escrutando el pulso, la respiración y otras manifestaciones físicas del posible impacto que la visión de la película pudiese tener en aquel ánimo misteriosamente ajeno.

Le observó durante los primeros minutos de proyección. El niño se había acurrucado en la butaca y observaba la pantalla con una avidez de apariencia inteligente. Mientras tanto, la historia comenzaba a desarrollarse. Una espectacular nave aérea perseguía a otra navecilla por un espacio infinito, fulgurante de estrellas, muy bien simulado. La nave perseguidora hace funcionar su artillería. La pequeña nave es alcanzada por los disparos de raro zumbido, y atrapada al fin por medio de poderosos mecanismos. El vencedor llega para conocer su presa. Es una estampa atroz: una figura alta, oscura, con un gran casco negro parecido al del ejército, cuyo rostro está cubierto por una máscara metálica, también negra, que recuerda en sus rasgos una mezcla imprecisa de animales y objetos: ratas, mandriles, cerdos, caretas antigás.

Entonces, el niño extendió su mano y sujetó con fuerza la de la doctora. Ella sintió la sorpresa de aquel gesto con un impacto más que físico. Exclamó el nombre del niño. Le observó de cerca, al reflejo de las grandes imágenes multicolores. En los ojos infantiles persistía aquella mirada inteligente, absorta en la peripecia óptica, y la doctora sintió una alegría esperanzada.

La princesa ha sido capturada, aunque ha conseguido lanzar un mensaje que sus perseguidores no advirtieron. Mientras tanto, sus robots llegan a un desierto reverberante, cuya larga soledad sólo presiden los restos de gigantescos esqueletos. El cielo está inundado de un extraño color, en un crepúsculo de varios soles simultáneos.

Sin darse cuenta, la atención de la doctora se distrajo en aquella insólita aventura y no percibió que el niño había soltado su mano. El niño había soltado su mano, y atravesaba la oscuridad multicolor, ascendía por la rampa de la nave, conseguía introducirse en ella como disimulado polizón.

La nave recorría rápidamente el espacio oscuro, lleno de estrellas, que la rodeaba como un cobijo. Los héroes vigilaban el fondo del cielo para prevenir la aparición del enemigo.

Al fin, la doctora se dio cuenta de que el niño había soltado su mano y volvió la cabeza a la butaca inmediata. Pero el niño ya no estaba y, del mismo modo que había sucedido en aquella lejana desaparición primera, la búsqueda fue completamente infructuosa.

Cuentos del Reino Secreto, Madrid, Alfaguara, 1982, páginas 133-137.

Luis Mateo Díez (1942)

Publicó en 1972 su primer libro, un conjunto de cuentos titulado Memorial de hierbas. *El Premio Café Gijón de novela y el Ignacio Aldecoa de cuentos vendrían a confirmar su dedicación literaria.* Apócrifo del Clavel y la Espina *(1977) y* Las estaciones provinciales *(1982) demostrarían luego las variantes de un mundo creador y de un estilo, que compagina el aliento lírico y la derivación esperpéntica. Realidad y memoria, humor y distorsión, son términos que alimentan una mirada eminentemente literaria, muy propicia a los pequeños mundos que ejemplifican, con su gloria y su decrepitud, sus habitantes entrañables y disparatados, una dimensión paralela a la de los grandes mundos.*

LOS TEMORES OCULTOS

Cuando volví sobre los papeles, descubrí la mancha de sangre.

Era un folio limpio, sin estrenar, y en su centro estaba la mancha brillante y tierna.

Pensé en una herida insensible: observé las manos, repasé la cara, busqué un motivo en la juntura de las uñas.

Nada perceptible.

Dejé a un lado el folio e intenté concentrarme.

Mi imaginación volvía lentamente sobre el centro más incisivo de la trama: el comienzo de la noche, la huida de Robert, el recuerdo cercano de Rosaura después de la discusión en el apartamento.

Era necesario someter al personaje a una serie de variaciones psicológicas que acrecentaran su excitación y le fueran llevando al terror.

Me parecía importante intentar una descripción ambiental lo más exhaustiva, deformando los aspectos del barrio portuario de manera que el personaje expresara, en sus observaciones, ese estado emocional. Escribí muy despacio una primera frase: «*La noche cerró su vientre en la encrucijada.*»

La frase era un mero punto de apoyo para abrir la descripción.

Encendí un pitillo e inconscientemente volví a observar los dedos.

No me gustaba ese comienzo. Taché la frase con un rasgo nervioso.

«*La noche se apoderaba del barrio como un manto que se cierne cobijando los temores ocultos.*»

Releí esta nueva frase. Dejé el bolígrafo sobre la mesa y limpié los ojos.

Pensé en Robert, sólo en él, como personaje ya creado y al margen de la nueva situación. Me hizo gracia encontrar el rostro de este viejo conocido.

Robert sonreía con cierto temor.

—Toda tu historia confluye en este momento preciso de la huida y no me queda más remedio que llevar la situación a sus últimas consecuencias. Tienes que pasar miedo, amigo mío. Rosaura, a estas horas, estará tumbada en la cama leyendo sus revistas de modas y fumando un pitillo con esa terca sensualidad que conoces. Pero ella ya no interesa. Eres tú y esta noche desgraciada.

La última frase seguía gustándome.

«*El manto se cierne cobijando los temores ocultos.*»

Entre los temores ocultos está la presencia sospechada del comisario Esteban, ese hombre imposible que no tiene misericordia.

Fue una idea infeliz la de liarse con su mujer.

Ciertamente, Robert, tienes un perseguidor peligroso.

El cigarrillo se me apagó en el cenicero y, cuando lo volví a los labios, mis ojos retornaron al folio.

Era una mancha pequeña: una gota que se desleía en el blanco satinado, pero que conservaba toda la humedad.

De nuevo repasé la cara intentando detectar un grano que tal vez hubiera reventado por sí solo.

No había nada. Mi cara estaba limpia.

Bajo el flexo, los papeles desordenados quedaban muy ajenos a la presencia rojiza que poco a poco se transformaba en una simple huella. Encendí la colilla y aspiré una bocanada escupiendo hacia un lado una brizna de tabaco.

Otra vez releí la frase y me pareció interesante.

Un cierto tono de descripción algo más abstracta, compiladora del ambiente, para bajar en seguida a los datos concretos.

Robert está en la esquina, no lejos del estuario, y observa las callejas vacías que ascienden por el promontorio hasta el alto de la ermita de los pescadores.

En su memoria las palabras de Rosaura se repiten como amargos aldabonazos. Casi resulta imposible pensar que ella iba a reaccionar así. En el fondo yo mismo no sé por qué tuve ese arrebato, ha sido una escena tramada inconscientemente.

Preveo que todas mis previsiones para consumar el hilo argumental se vuelven directamente contra Robert.

No sé con exactitud lo que dará de sí esta noche que cobija los temores ocultos.

Por una parte, me fastidia que el comisario Esteban realice su venganza con cuatro disparos absurdos. Pero por otra, el papel de la Justicia redimiendo sus innatas necesidades, es importante de cara a la censura, ya que en cuatro episodios anteriores he cargado las tintas de forma peligrosa y hay que conceder una oportunidad al honroso cuerpo policial.

—Robert, espero que el asunto resulte lo menos doloroso para ti.

Apagaba la colilla en el cenicero y en ese momento mis ojos descubrieron la segunda mancha de sangre sobre la parte inferior del folio.

Un leve sobresalto turbó la serenidad de mis disquisiciones.

Era una gota grande, esmaltada con ese brillo espeso de la sangre reciente.

Sobre el escritorio los ojos buscaron algún motivo razonable.

Después fijé la vista en el espacio del techo que aparecía tan blanco y limpio como siempre.

No sin cierta prevención tomé el folio en las manos y analicé la nueva señal.

La gota descorrió su espesor hacia un lado y formó una mancha más extensa, empezando a sumirse en seguida.

La posibilidad de volver sobre la trama, de construir la frase siguiente, profundizando en la descripción, se me hizo difícil.

No soy un escritor que necesite acorazarme en los abismos de mi persona para realizar el trabajo, pero la mancha de sangre era cierta por segunda vez y tampoco podía sustraerse a la preocupación y a la curiosidad.

Deposité el folio en el extremo de la mesa, encendí un pitillo y me dispuse a vigilar para descubrir la razón de aquel suceso.

Transcurrieron cuatro o cinco minutos sin ninguna novedad. Las huellas rojizas estaban secas y eran como dos marcas digitales sobre el papel.

Cogí el bolígrafo y pensé en las brumas compactas que cercaban el estuario y levantaban un hálito blanquecino sobre las casas cercanas al puerto.

Robert se apoya en la esquina, no lejos de una farola, y la noche tiene esa calma absoluta donde siempre conviene anotar los presagios del silencio. Esos presagios, de los que uno echa mano con tanta frecuencia en las intrincadas historias policiales y misteriosas, eran auténticos en aquellos momentos, entre la ductilidad del humo del tabaco, la presencia de las huellas y el solitario viaje del bolígrafo por la espesura de la noche.

«Volcaba su vientre derramándose con el negro profundo de sus poderes», escribí.

Y en seguida pensé que las huellas de sangre eran una circunstancia fortuita ajena al interés inmediato de mi trabajo.

Robert no domina la situación y tiene miedo, porque está en mi poder, se encuentra totalmente desasistido. Pero yo soy consciente de mis poderes, enumero las posibilidades de acuerdo a mi imaginación y elijo lo que creo más conveniente.

Sonreí al pensar que ese estúpido suceso pudiera preocuparme.

Me introduje en la noche y di un paseo por el nebuloso contorno del estuario silbando una alegre melodía de Johnattham Wilson.

Puedo hacerle una visita a Rosaura, quedarme esta noche en su apartamento y parodiar algunos juegos eróticos mienttras que tú, querido Robert, te mueres de miedo con la obsesión de los perseguidores, incapaz de encontrar una salida.

Pero ahora prefiero sumirme en esta niebla evanescente del estuario, contabilizar las lucecillas de los pesqueros en lontananza, encender un pitillo y apurar una copa de ginebra en el primer tugurio.

Recuerdo a Johnattham Wilson.

Su rostro me llega a la memoria entre la música oxidada de una trompeta y un contrabajo.

Amigo mío, cuánto tiempo desde aquellos felices días de jazz y rosas.

Escribir una historia era un esfuerzo mayor que animar a la clientela alcoholizada del Cafetín Venezia. Y, sin embargo, no había mucha diferencia entre hundirse en las inspiradas improvisaciones de tu música o en los abyectos personajes de aquellas tramas hiperbólicas y alucinadas. Son dos oficios parecidos. Vuelvo a mirar tus ojos de buey manso y aspiro el humo del tabaco cuando el vientre de la noche se derrama con el negro profundo de sus poderes.

La frase no queda mal del todo.

Mordí la punta trasera del bolígrafo y me dispuse a continuar.

Debo hacer ya una referencia directa al personaje, después volveré sobre la descripción ambiental.

En ese momento observé la tercera gota de sangre sobre el folio. La mancha era más aparatosa que ninguna de las anteriores: se abría hacia los lados y cubría un espacio tan grande como una moneda.

Mi sobresalto se contagió de un nerviosismo que no pude superar. Tiré el bolígrafo encima de la mesa, arrastré la silla hacia atrás y me levanté profundamente crispado.

La gota volvía a sumirse dejando los residuos sanguinolentos de la huella.

Miré hacia todas partes agobiado por palpitaciones violentas.

Recorrí mi cuarto, encendí todas las luces.

El silencio exaltaba las contracciones de mi respiración.

Fui hacia la puerta y, al intentar abrirla, comprobé que estaba cerrada por fuera.

Volví sobre el escritorio y mis ojos penetraron la desmantelada montaña de folios escritos donde Robert circulaba a través de capítulos llenos de tensión y oscuridades.

Y fue entonces cuando me di cuenta de que yo podía ser el personaje de una historia que alguien estaba escribiendo.

Memorial de hierbas, Madrid, Magisterio Español, 1973, pp. 82-87.

CUENTOS HISPANOAMERICANOS

Horacio Quiroga (1878-1938)

Uruguayo, figura cumbre del cuento hispanoamericano. Vivió durante mucho tiempo en la provincia tropical de Misiones (Argentina), compenetrado con los secretos de la selva, con su grandeza llena de tragedia y misterio. Muchos de sus relatos se desarrollan y ambientan allí. Sus principales libros de cuentos son: Cuentos de amor, de locura y de muerte *(1917),* Cuentos de la selva *(1918),* Anaconda *(1921),* El desierto *(1924) y* Los desterrados *(1926).*

En su prolífica obra hay relatos llenos de gracia y ternura al lado de otros en que el hombre lucha duramente, defendiéndose en un medio hostil. A veces revelan una obsesión por la muerte violenta, tal vez como reflejo de las dramáticas experiencias de su propia vida. Según el profesor Benito Varela, «su visión de la fauna y flora de Misiones es una realidad trascendida por los procedimientos técnicos de Poe, por la dimensión universal de la lucha del hombre con la naturaleza, por la situación límite de la muerte, por la presencia central del narrador junto al protagonista monologante».

EL HOMBRE MUERTO

El hombre y su machete acababan de limpiar la quinta calle del bananal *. Faltábanles aún dos calles; pero como en éstas abundaban las chircas * y malvas silvestres, la tarea que tenían por delante era muy poca cosa. El hombre echó, en consecuencia, una mirada satisfecha a los arbustos rozados, y cruzó el alambrado para tenderse un rato en la gramilla.

Mas al bajar el alambre de púa y pasar el cuerpo, su pie izquierdo resbaló sobre un trozo de corteza desprendida del poste, a tiempo que el machete se le escapaba de la mano. Mientras caía, el hombre tuvo la impresión sumamente lejana de no ver el machete de plano en el suelo.

Ya estaba tendido en la gramilla, acostado sobre el lado derecho, tal como él quería. La boca, que acababa de abrírsele en toda su extensión, acababa también de cerrarse. Estaba como hubiera deseado estar, las rodillas dobladas y la mano izquierda sobre el pecho. Sólo que tras el antebrazo, e inmediatamente por debajo del cinto, surgían de su camisa el puño y la mitad de la hoja del machete; pero el resto no se veía.

El hombre intentó mover la cabeza, en vano. Echó una mirada de reojo a la empuñadura del machete, húmeda aún del sudor de su mano. Apreció mentalmente la extensión y la trayectoria del machete dentro de su vientre, y adquirió, fría, matemática e inexorablemente, la seguridad de que acababa de llegar al término de su existencia.

La muerte. En el transcurso de la vida se piensa muchas veces en que un día, tras años, meses, semanas y días preparatorios, llegaremos a nuestro turno al umbral de la muerte. Es la ley fatal, aceptada y prevista; tanto que solemos dejarnos llevar placenteramente por la imaginación a ese momento, supremo entre todos, en que lanzamos el último suspiro.

Pero entre el instante actual y esa postrera espiración, ¡qué de sueños, trastornos, esperanzas y dramas presumimos en nuestra vida! ¡Qué nos reserva aún esta existencia llena de vigor, antes de su eliminación del escenario humano! Es éste el consuelo, el placer y la razón de nuestras divagaciones mortuorias: ¡tan lejos está la muerte, y tan imprevisto lo que debemos vivir aún!

¿Aún...? No han pasado dos segundos: el sol está exactamente a la misma altura; las sombras no han avanzado un milímetro. Bruscamente, acaban de resolverse para el hombre tendido las divagaciones a largo plazo: se está muriendo.

Muerto. Puede considerarse muerto en su cómoda postura.

Pero el hombre abre los ojos y mira. ¿Qué tiempo ha pasado? ¿Qué cataclismo ha sobrevenido en el mundo? ¿Qué trastorno de la naturaleza trasuda el horrible acontecimiento?

Va a morir. Fría, fatal e ineludiblemente, va a morir.

El hombre resiste —¡es tan imprevisto ese horror! Y piensa: es una pesadilla; ¡eso es! ¿Qué ha cambiado? Nada. Y mira: ¿no es acaso ese bananal su bananal? ¿No viene todas las mañanas a limpiarlo? ¿Quién lo conoce como él? Ve perfectamente el bananal, muy raleado, y las anchas hojas desnudas al sol. Allí están, muy cerca, deshilachadas por el viento. Pero ahora no se mueven... Es la calma de mediodía: pronto deben ser las doce.

Por entre los bananos, allá arriba, el hombre ve desde el duro suelo el techo rojo de su casa. A la izquierda, entrevé el monte y la capuera de canelas. No alcanza a ver más, pero sabe muy bien que a sus espaldas está el camino al puerto nuevo; y que en la dirección de su cabeza, allá abajo, yace, en el fondo del valle, el Paraná dormido como un lago. Todo, todo exactamente como siempre; el sol de fuego, el aire vibrante y solitario, los bananos inmóviles, el alambrado de postes muy gruesos y altos que pronto tendrá que cambiar.

¡Muerto! ¿Pero es posible? ¿No es éste uno de los tantos días en que ha salido al amanecer de su casa con el machete en la mano? ¿No está allí mismo, a cuatro metros de él, su caballo, su malacara *, oliendo parsimoniosamente el alambre de púa?

¡Pero sí! Alguien silba... No puede ver, porque está de espaldas al camino; mas siente resonar en el puentecito los pasos del caballo... Es el muchacho que pasa todas las mañanas hacia el puerto nuevo, a las once y media. Y siempre silbando... Desde el poste descascarado que toca casi con las botas, hasta el cerco vivo de monte que separa el bananal del camino, hay quince metros largos. Lo sabe perfectamente bien, porque él mismo, al levantar el alambrado, midió la distancia.

¿Qué pasa, entonces? ¿Es ése o no un natural mediodía de los tantos en Misiones, en su monte, en su potrero *, en su bananal ralo? ¡Sin duda! Gramilla corta, conos de hormigas, silencio, sol a plomo...

Nada, nada ha cambiado. Sólo él es distinto. Desde hace dos minutos su persona, su personalidad viviente, nada tiene ya que ver ni con el potrero, que formó él mismo a azada, durante cinco meses consecutivos; ni con el bananal, obra de sus solas manos. Ni con su familia. Ha sido arrancado bruscamente, naturalmente, por obra de una cáscara lustrosa y un machete en el vientre. Hace dos minutos: se muere.

El hombre, muy fatigado y tendido en la gramilla sobre el costado derecho, se resiste siempre a admitir un fenómeno de esa trascendencia, ante el aspecto normal y monótono de cuanto mira. Sabe bien la hora: las once y media... El muchacho de todos los días acaba de pasar sobre el puente.

¡Pero no es posible que haya resbalado...! El mango de su machete (pronto deberá cambiarlo por otro; tiene ya poco vuelo) estaba perfectamente oprimido entre su mano izquierda y el alambre de púa. Tras diez años de bosque, él sabe muy bien cómo se maneja un machete de monte. Está solamente muy fatigado del trabajo de esta mañana, y descansa un rato como de costumbre.

¿La prueba...? ¡Pero esa gramilla que entra ahora por la comisura de su boca la plantó él mismo, en panes de tierra distantes un metro uno de otro! ¡Y ése es su bananal; y ése es su malacara, resoplando cauteloso ante las púas de alambre! Lo ve perfectamente; sabe que no se atreve a doblar la esquina del alambrado, porque él está echado casi al pie del poste. Lo distingue muy bien; y ve los hilos oscuros de sudor que arrancan de la cruz y del anca. El sol cae a plomo, y la calma es muy grande, pues ni un fleco de los bananos se mueve. Todos los días, como ése, ha visto las mismas cosas.

...Muy fatigado, pero descansa sólo. Deben de haber pasado ya varios minutos... y a las doce menos cuarto, desde allá arriba, desde el chalet de techo rojo, se desprenderán hacia el bananal su mujer y sus dos hijos, a buscarlo para almorzar. Oye siempre, antes que las demás, la voz de su chico menor que quiere soltarse de la mano de su madre: ¡Piapiá! ¡Piapiá!

¿No es eso...? ¡Claro, oye! Ya es la hora. Oye efectivamente la voz de su hijo...

¡Qué pesadilla...! ¡Pero es uno de los tantos días, trivial como todos, claro está! Luz excesiva, sombras amarillentas, calor silencioso de horno sobre la carne, que hace sudar al malacara inmóvil ante el bananal prohibido.

...Muy cansado, mucho, pero nada más. ¡Cuántas veces, a mediodía como ahora, ha cruzado volviendo a casa ese potrero, que era capuera cuando él llegó, y que antes había sido monte virgen! Volvía entonces, muy fatigado también, con su machete pendiente de la mano izquierda, a lentos pasos.

Puede aún alejarse con la mente, si quiere; puede si quiere abandonar un instante su cuerpo y ver desde el tajamar * por él construido, el trivial paisaje de siempre: el pedregullo * volcánico con gramas rígidas; el bananal y su arena roja; el alambrado empequeñecido en la pendiente, que se acoda hacia el camino. Y más lejos aún ver el potrero, obra sola de sus manos. Y al pie de un poste descascarado, echado sobre el costado derecho y las piernas recogidas, exactamente como todos los días, puede verse a él mismo, como un pequeño bulto asoleado sobre la gramilla, descansando porque está muy cansado...

Pero el caballo rayado de sudor, e inmóvil de cautela ante el esquinado del alambrado, ve también al hombre en el suelo y no se atreve a costear el bananal, como desearía. Ante las voces que ya están próximas —¡Piapiá!— vuelve un largo, largo rato las orejas inmóviles al bulto: y tranquilizado al fin, se decide a pasar entre el poste y el hombre tendido —que ya ha descansado.

Los desterrados (1926), Buenos Aires, Losada, 1976 [6] (Biblioteca Clásica y Contemporánea, 263), páginas 69-74.

RICARDO GÜIRALDES (1886-1927)

Nació en Buenos Aires y murió en París. Viajó por Europa donde estuvo en contacto con las últimas tendencias artísticas y literarias. Su infancia y gran parte de su vida transcurrieron en una estancia en San Antonio de Areco, en la provincia de Buenos Aires, donde está enterrado. Precisamente este lugar es el escenario de su novela maestra, Don Segundo Sombra *(1926), que se considera como la culminación de la literatura gauchesca después de* Martín Fierro. *Fue también un importante poeta y un gran narrador de cuentos.* Cuentos de muerte y de sangre *(1915) fue su primera obra publicada. Se trata de una serie de rápidas estampas, tipos y costumbres, tomadas del campo argentino.*

EL POZO

[A]

Sobre el brocal desdentado del viejo pozo, una cruz de palo roída por la carcoma miraba en el fondo su imagen simple.

Toda una historia trágica.

[B]

[I]

Hacía mucho tiempo, cuando fue recién herida la tierra y pura el agua como sangre cristalina, un caminante sudoroso se sentó en el borde de piedra para descansar su cuerpo y refrescar la frente con el aliento que subía del tranquilo redondel.

Allí le sorprendieron el cansancio, la noche y el sueño; su espalda resbaló al apoyo y el hombre se hundió, golpeando blandamente en las paredes hasta romper la quietud del disco puro.

Ni tiempo para dar un grito o retenerse en las salientes, que le rechazaban brutalmente después del choque. Había rodado llevando consigo algunos pelmazos de tierra pegajosa.

Aturdido por el golpe, se debatió sin rumbo en el estrecho cilindro líquido hasta encontrar la superficie. Sus dedos espasmódicos, en el ansia agónica de sostenerse, horadaron el barro rojizo. Luego quedó exánime, sólo emergida la cabeza, todo el esfuerzo de su ser concentrado en recuperar el ritmo perdido de su respiración.

Con su mano libre tanteó el cuerpo, en que el dolor nacía con la vida.

Miró hacia arriba: el mismo redondel de antes, más lejano, sin embargo, y en cuyo centro la noche hacía nacer una estrella tímidamente.

Los ojos se hipnotizaron en la contemplación del astro pequeño, que dejaba, hasta el fondo, caer su punto de luz.

Ricardo Güiraldes (1886-1927).

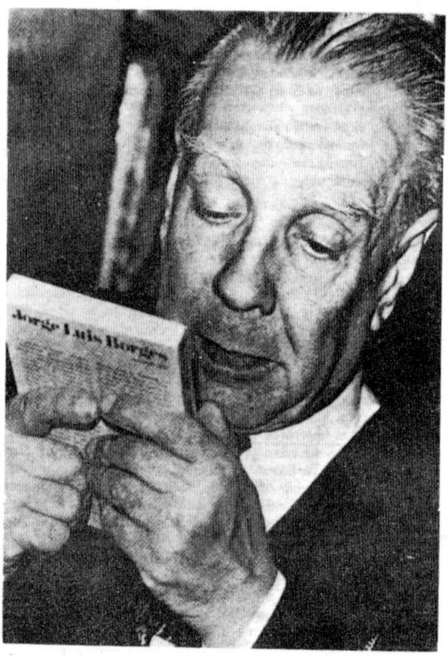

Jorge Luis Borges (1889).

Unas voces pasaron no lejos, desfiguradas, tenues; un frío le mordió del agua y gritó un grito que, a fuerza de terror, se le quedó en la boca.

Hizo un movimiento y el líquido onduló en torno, denso como mercurio. Un pavor místico contrajo sus músculos, e impelido por esa nueva y angustiosa fuerza, comenzó el ascenso, arrastrándose a lo largo del estrecho tubo húmedo; unos dolores punzantes abriéndole las carnes, mirando el fin siempre lejano como en las pesadillas.

Más de una vez, la tierra insegura cedió a su peso, crepitando abajo en lluvia fina; entonces suspendía su acción tendido de terror, vacío el pecho, y esperaba inmóvil la vuelta de sus fuerzas.

Sin embargo, un mundo insospechado de energías nacía a cada paso; y como por impulso adquirido maquinalmente, mientras se sucedían las impresiones de esperanza y desaliento, llegó al brocal, exhausto, incapaz de saborear el fin de sus martirios.

Allí quedaba, medio cuerpo de fuera, anulada la voluntad por el cansancio, viendo delante suyo la forma de un aguaribay * como cosa irreal...

[II]

Alguien pasó ante su vista, algún paisano del lugar seguramente, y el moribundo alcanzó a esbozar un llamado. Pero el movimiento de auxilio que esperaba fue hostil. El gaucho *, luego de santiguarse, resbalaba del cinto su facón *, cuya empuñadura, en cruz, tendió hacia el maldito.

El infeliz comprendió: hizo el último y sobrehumano esfuerzo para hablar; pero una enorme piedra vino a golpearle la frente, y aquella visión de infierno desapareció como sorbida por la tierra.

[C]

Ahora todo el pago conoce el pozo maldito, y sobre su brocal, desdentado por los años de abandono, una cruz de madera semipodrida defiende a los cristianos contra las apariciones del malo *.

Cuentos de muerte y de sangre (1915), Buenos Aires, Losada, 1974[4] (Biblioteca Clásica y Contemporánea, 231), pp. 61-63.

JORGE LUIS BORGES (1889)

Poeta, ensayista y autor de cuentos. Argentino. Borges es un escritor dotado de una brillante inteligencia y asombrosa erudición nutrida en la literatura universal. Sus principales libros de cuentos son: Historia universal de la infamia *(1935),* El jardín de los senderos que se bifurcan *(1941),* Ficciones *(1944) que recoge el libro anterior y otros nuevos relatos y se considera su obra maestra;* El aleph *(1949),* El hacedor *(1960), ensayos, digresiones, poesías y relatos;* El informe de Brodie *(1970) y* El libro de arena *(1975).*

Sus relatos, especialmente los primeros, se encuentran cerca del ensayo, con frecuentes referencias literarias. En Borges aparece el tema de «la obra dentro de la obra», la personalísima reelaboración de los mitos, la creación de mundos imaginarios y simbólicos, el viaje en el tiempo, etc. De él se ha escrito que es un «creador de espléndidos laberintos racionales con el afán de que los hombres se pierdan y confundan en ellos». Todo lo anteriormente dicho, unido a la depurada calidad, sin ninguna concesión, de su obra literaria y un estilo conciso y efectivo, hacen de este autor uno de los más interesantes de nuestra lengua. La obra del escritor —su propia obra— la define él mismo con estas palabras: «Un hombre se propone la tarea de dibujar el mundo. A lo largo de los años puebla un espacio con imágenes de provincias, de reinos, de montañas, de bahías, de naves, de islas, de peces, de habitaciones, de instrumentos, de astros, de caballos y de personas. Poco antes de morir, descubre que ese paciente laberinto de líneas traza la imagen de su cara.»

EL ESPEJO Y LA MASCARA

Librada la batalla de Clontarf, en la que fue humillado el noruego, el Alto Rey habló con el poeta y le dijo:

—Las proezas más claras pierden su lustre si no se las amoneda en palabras. Quiero que cantes mi victoria y mi loa. Yo seré Eneas; tú serás mi Virgilio. ¿Te crees capaz de acometer esa empresa, que nos hará inmortales a los dos?

—Sí, Rey —dijo el poeta—. Yo soy el Ollan. Durante doce inviernos he cursado las disciplinas de la métrica. Sé de memoria las trescientas sesenta fábulas que son la base de la verdadera poesía. Los ciclos de Ulster y de Munster están en las cuerdas de mi arpa. Las leyes me autorizan a prodigar las voces más arcaicas del idioma y las más complejas metáforas. Domino la escritura secreta que defiende nuestro arte del indiscreto examen del vulgo. Puedo celebrar los amores, los abigeatos, las navegaciones, las guerras. Conozco los linajes mitológicos de todas las casas reales de Irlanda. Poseo las virtudes de las hierbas, la astrología judiciaria, las matemáticas y el derecho canónico. He derrotado en público certamen a mis rivales. Me he adiestrado en la sátira, que causa enfermedades de la piel, incluso la lepra. Sé manejar la espada, como lo probé en tu batalla. Sólo una cosa ignoro: la de agradecer el don que me haces.

El Rey, a quien lo fatigaban fácilmente los discursos largos y ajenos, le dijo con alivio:

—Sé harto bien esas cosas. Acaban de decirme que el ruiseñor ya cantó en Inglaterra. Cuando pasen las lluvias y las nieves, cuando regrese el ruiseñor de sus tierras del Sur, recitarás tu loa ante la corte y ante el Colegio de Poetas. Te dejo un año entero. Limarás cada letra y cada palabra. La recompensa, ya lo sabes, no será indigna de mi real costumbre ni de tus inspiradas vigilias.

—Rey, la mejor recompensa es ver tu rostro —dijo el poeta, que era también un cortesano.

Hizo sus reverencias y se fue, ya entreviendo algún verso.

Cumplido el plazo, que fue de epidemias y rebeliones, presentó el panegírico. Lo declaró con lenta seguridad, sin una ojeada al manuscrito. El Rey lo iba aprobando con la cabeza. Todos imitaban su gesto, hasta los que agolpados en las puertas, no descifraban una palabra. Al fin el Rey habló.

—Acepto tu labor. Es otra victoria. Has atribuido a cada vocablo su genuina acepción y a cada nombre sustantivo el epíteto que le dieron los primeros poetas. No hay en toda la loa una sola imagen que no hayan usado los clásicos. La guerra es el hermoso tejido de hombres y el agua de la espada es la sangre. El mar tiene su dios y las nubes predicen el porvenir. Has manejado con destreza la rima, la aliteración, la asonancia, las cantidades, los artificios de la docta retórica, la sabia alteración de los metros. Si se perdiera toda la literatura de Irlanda —*omen absit* *— podría reconstruirse sin pérdida con tu clásica oda. Treinta escribas la van a transcribir doce veces.

Hubo un silencio y prosiguió:

—Todo está bien y sin embargo nada ha pasado. En los pulsos no corre más a prisa la sangre. Las manos no han buscado los arcos. Nadie ha palidecido. Nadie profirió un grito de batalla, nadie opuso el pecho a los vikings. Dentro del término de un año aplaudiremos otra loa, poeta. Como signo de nuestra aprobación, toma este espejo que es de plata.

—Doy gracias y comprendo —dijo el poeta.

Las estrellas del cielo remontaron su claro derrotero. Otra vez

Edgar Allan Poe (1809-1849).

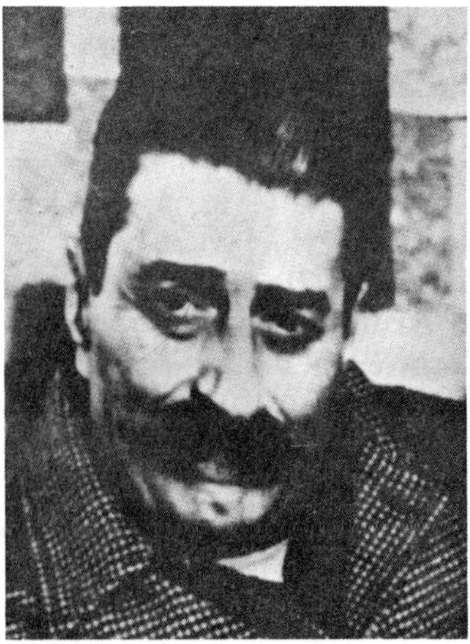

Giovanni Guareschi (1908-1968)

cantó el ruiseñor en las selvas sajonas y el poeta retornó con su códice, menos largo que el anterior. No lo repitió de memoria; lo leyó con visible inseguridad, omitiendo ciertos pasajes, como si él mismo no los entendiera del todo o no quisiera profanarlos. La página era extraña. No era una descripción de la batalla, era la batalla. En su desorden bélico se agitaban el Dios que es Tres y es Uno, los númenes paganos de Irlanda y los que guerrearían, centenares de años después, en el principio de la Edda Mayor. La forma no era menos curiosa. Un sustantivo singular podía regir un verbo plural. Las preposiciones eran ajenas a las normas comunes. La aspereza alternaba con la dulzura. Las metáforas eran arbitrarias o así lo parecían.

El Rey cambió unas pocas palabras con los hombres de letras que lo rodeaban y habló de esta manera:

—De tu primera loa pude afirmar que era un feliz resumen de cuanto se ha cantado en Irlanda. Esta supera todo lo anterior y también lo aniquila. Suspende, maravilla y deslumbra. No la merecerán los ignaros *, pero sí los doctos, los menos. Un cofre de marfil será la custodia del único ejemplar. De la pluma que ha producido obra tan eminente podemos esperar todavía una obra más alta.

Agregó con una sonrisa:

—Somos figuras de una fábula y es justo recordar que en las fábulas prima el número tres.

El poeta se atrevió a murmurar:

—Los tres dones del hechicero, las tríadas y la indudable Trinidad.

El Rey prosiguió:

—Como prenda de nuestra aprobación, toma esta máscara de oro.

—Doy gracias y he entendido —dijo el poeta.

El aniversario volvió. Los centinelas del palacio advirtieron que el poeta no traía un manuscrito. No sin estupor el Rey lo miró; casi era otro. Algo, que no era el tiempo, había surcado y transformado sus rasgos. Los ojos parecían mirar muy lejos o haber quedado ciegos. El poeta le rogó que hablara unas palabras con él. Los esclavos despejaron la cámara.

—¿No has ejecutado la oda? —preguntó el Rey.

—Sí —dijo tristemente el poeta—. Ojalá Cristo Nuestro Señor me lo hubiera prohibido.

—¿Puedes repetirla?

—No me atrevo.

—Yo te doy el valor que te hace falta —declaró el Rey.

El poeta dijo el poema. Era una sola línea.

Sin animarse a pronunciarla en voz alta, el poeta y su Rey

la paladearon, como si fuera una plegaria secreta o una blasfemia. El Rey no estaba menos maravillado y menos maltrecho que el otro. Ambos se miraron, muy pálidos.

—En los años de mi juventud —dijo el Rey— navegué hacia el ocaso. En una isla vi lebreles de plata que daban muerte a jabalíes de oro. En otra nos alimentamos con la fragancia de las manzanas mágicas. En otra vi murallas de fuego. En la más lejana de todas un río abovedado y pendiente surcaba el cielo y por sus aguas iban peces y barcos. Éstas son maravillas, pero no se comparan con tu poema, que de algún modo las encierra. ¿Qué hechicería te lo dio?

—En el alba —dijo el poeta— me recordé diciendo unas palabras que al principio no comprendí. Esas palabras son un poema. Sentí que había cometido un pecado, quizá el que no perdona el Espíritu.

—El que ahora compartimos los dos —el Rey musitó—. El de haber conocido la Belleza, que es un don vedado a los hombres. Ahora nos toca expiarlo. Te di un espejo y una máscara de oro; he aquí el tercer regalo que será el último.

Le puso en la diestra una daga.

Del poeta sabemos que se dio muerte al salir del palacio; del Rey, que es un mendigo que recorre los caminos de Irlanda, que fue su reino, y que no ha repetido nunca el poema.

El libro de arena (1975), Barcelona, Plaza & Janés, 1977, pp. 68-73.

Julio Cortázar (1914-1984)

Argentino, es uno de los más importantes autores contemporáneos de cuentos. Ha escrito Rayuela *(1963), un libro experimental de difícil clasificación —antinovela, novela de varias novelas— que ha influido mucho en la narrativa castellana. El* Libro de Manuel *(1973) es otra interesante y extraña «novela» suya.*

Entre sus libros de cuentos se hallan: Bestiario (1951), Final de juego *(1956),* Las armas secretas *(1959),* Historias de cronopios y de famas *(1962) y* Todos los fuegos el fuego *(1966). Con un estilo brillante, una cuidada estructura y la combinación de imaginación y realidad, consigue mediante sus relatos la posibilidad de la aventura más inesperada. Los cuentos de Cortázar «tratan de 'este lado' y 'el otro lado', de lo que ha sido estruc-*

turado y clasificado y de lo que podría llamarse poco más o menos 'imaginación' o 'libertad'», en palabras de Jean Franco. El propio Cortázar ha escrito: «No hago diferencia entre lo real y lo fantástico. Para mí, lo fantástico procede siempre de lo cotidiano». «Un escritor de verdad es aquel que tiende el arco a fondo mientras escribe, y después lo cuelga de un clavo y se va a tomar vino con los amigos. La flecha ya anda por el aire y se clavará o no se clavará en el blanco; sólo los imbéciles pueden pretender modificar su trayectoria o correr tras ella para darla empujoncitos suplementarios.»

LA ISLA A MEDIODÍA

La primera vez que vio la isla, Marini estaba cortésmente inclinado sobre los asientos de la izquierda, ajustando la mesa de plástico antes de instalar la bandeja del almuerzo. La pasajera lo había mirado varias veces mientras él iba y venía con revistas o vasos de whisky; Marini se demoraba ajustando la mesa, preguntándose aburridamente si valdría la pena responder a la mirada insistente de la pasajera, una americana de las muchas, cuando en el óvalo azul de la ventanilla entró el litoral de la isla, la franja dorada de la playa, las colinas que subían hacia la meseta desolada. Corrigiendo la posición defectuosa del vaso de cerveza, Marini sonrió a la pasajera. «Las islas griegas», dijo. «Oh, yes, Greece», repuso la americana con un falso interés. Sonaba brevemente un timbre y el steward * se enderezó, sin que la sonrisa profesional se borrara de su boca de labios finos. Empezó a ocuparse de un matrimonio sirio que quería jugo de tomate, pero en la cola del avión se concedió unos segundos para mirar otra vez hacia abajo; la isla era pequeña y solitaria, y el Egeo la rodeaba con un intenso azul que exaltaba la orla de un blanco deslumbrante y como petrificado, que allá abajo sería espuma rompiendo en los arrecifes y las caletas. Marini vio que las playas desiertas corrían hacia el norte y el oeste, lo demás era la montaña entrando a pique en el mar. Una isla rocosa y desierta, aunque la mancha plomiza cerca de la playa del norte podía ser una casa, quizá un grupo de casas primitivas. Empezó a abrir la lata de jugo, y al enderezarse la isla se borró de la ventanilla; no quedó más que el mar, un verde horizonte interminable. Miró su reloj pulsera sin saber por qué; era exactamente mediodía.

A Marini le gustó que lo hubieran destinado a la línea Roma-Teherán, porque el pasaje era menos lúgubre que en las líneas del norte y las muchachas parecían siempre felices de ir a Oriente o de conocer Italia. Cuatro días después, mientras ayudaba a un niño que había perdido la cuchara y mostraba desconsolado el plato del postre, descubrió otra vez el borde de la isla. Había una diferencia de ocho minutos pero cuando se inclinó sobre una ventanilla de la cola no le quedaron dudas; la isla tenía una forma inconfundible, como una tortuga que sacara apenas las patas del agua. La miró hasta que lo llamaron, esta vez con la seguridad de que la mancha plomiza era un grupo de casas; alcanzó a distinguir el dibujo de unos pocos campos cultivados que llegaban hasta la playa. Durante la escala de Beirut miró el atlas de la stewardess *, y se preguntó si la isla no sería Horos. El radiotelegrafista, un francés indiferente, se sorprendió de su interés. «Todas esas islas se parecen, hace dos años que hago la línea y me importan muy poco. Sí, muéstremela la próxima vez.» No era Horos sino Xiros, una de las muchas islas al margen de los circuitos turísticos. «No durará ni cinco años», le dijo la stewardess mientras bebían una copa en Roma. «Apúrate si piensas ir, las hordas estarán allí en cualquier momento, Gengis Cook vela.» Pero Marini siguió pensando en la isla, mirándola cuando se acordaba o había una ventanilla cerca, casi siempre encogiéndose de hombros al final. Nada de eso tenía sentido, volar tres veces por semana a mediodía sobre Xiros era tan irreal como soñar tres veces por semana que volaba a mediodía sobre Xiros. Todo estaba falseado en la visión inútil y recurrente; salvo, quizá, el deseo de repetirla, la consulta al reloj pulsera antes de mediodía, el breve, punzante contacto con la deslumbradora franja blanca al borde de un azul casi negro, y las casas donde los pescadores alzarían apenas los ojos para seguir el paso de esa otra irrealidad.

Ocho o nueve semanas después, cuando le propusieron la línea de Nueva York con todas sus ventajas, Marini se dijo que era la oportunidad de acabar con esa manía inocente y fastidiosa. Tenía en el bolsillo el libro donde un vago geógrafo de nombre levantino daba sobre Xiros más detalles que los habituales en las guías. Contestó negativamente, oyéndose como desde lejos, y después de sortear la sorpresa escandalizada de un jefe y dos secretarias se fue a comer a la cantina de la compañía donde lo esperaba Carla. La desconcertada decepción de Carla no lo inquietó; la costa sur de Xiros era inhabitable pero hacia el oeste quedaban huellas de una colonia lidia o quizá cretomicénica, y el profesor Goldmann había encontrado dos piedras talladas con jeroglíficos que los pescadores empleaban como pilotes del pequeño muelle. A Carla le dolía la cabeza y se marchó en seguida; los pulpos eran el recurso principal del puñado de habitantes, cada cinco días llegaba un barco para cargar la pesca y dejar algunas provisiones y géneros. En la agencia de viajes le dijeron que habría de fletar un barco especial desde Rynos, o quizá se pudiera viajar en la falúa que recogía los pulpos, pero esto último lo sabría Marini en Rynos donde la agencia no tenía corresponsal. De todas maneras la idea de pasar unos días en la isla no era más que un plan para las vacaciones de junio; en las semanas que siguieron hubo que reemplazar a White en la línea de Túnez, y después empezó una huelga y Carla se volvió a casa de sus hermanas en Palermo. Marini fue a vivir a un hotel cerca de Piazza Navona, donde había librerías de viejo; se entretenía sin muchas ganas en buscar libros sobre Grecia, hojeaba de a ratos un manual de conversación. Le hizo gracia la palabra *kalimera* * y la ensayó en un cabaret con una chica pelirroja, se acostó con ella, supo de su abuelo en Odos y de unos dolores de garganta inexplicables. En Roma empezó a llover, en Beirut lo esperaba siempre Tania, había otras historias, siempre parientes o dolores; un día fue otra vez la línea de Teherán, la isla a mediodía. Marini se quedó tanto tiempo pegado a la ventanilla que la nueva stewardess lo trató de mal compañero y le hizo la cuenta de las bandejas que llevaba servidas. Esa noche Marini invitó a la stewardess a comer en el Firouz y no le costó que le perdonaran la distracción de la mañana. Lucía le aconsejó que se hiciera cortar el pelo a la americana; él le habló un rato de Xiros, pero después comprendió que ella prefería el vodka-lime del Hilton. El tiempo se iba en cosas así, en infinitas bandejas de comida, cada una con la sonrisa a la que tenía derecho el pasajero. En los viajes de vuelta el avión sobrevolaba Xiros a las ocho de la mañana; el sol daba contra las ventanillas de babor y dejaba apenas entrever la tortuga dorada; Marini prefería esperar los mediodías del vuelo de ida, sabiendo que entonces podía quedarse un largo minuto contra la ventanilla mientras Lucía (y después Felisa) se ocupaba un poco irónicamente del trabajo. Una vez sacó una foto de Xiros pero le salió borrosa; ya sabía algunas cosas de la isla, había subrayado las raras menciones en un par de libros. Felisa le contó que los pilotos lo llamaban el loco de la isla, y no le molestó. Carla acababa de escribirle que había decidido no tener el niño, y Marini le envió dos sueldos y pensó que el resto no le alcanzaría para las vacaciones. Carla aceptó el dinero y le hizo saber por una amiga que probablemente se casaría con el dentista de Treviso. Todo tenía tan poca importancia a mediodía, los lunes y los jueves y los sábados (dos veces por mes, el domingo).

Con el tiempo fue dándose cuenta de que Felisa era la única que lo comprendía un poco; había un acuerdo tácito para que ella se ocupara del pasaje a mediodía, apenas él se instalaba junto a la ventanilla de la cola. La isla era visible unos pocos minutos, pero el aire estaba siempre tan limpio y el mar la recortaba con una crueldad tan minuciosa que los más pequeños detalles se iban ajustando implacables al recuerdo del pasaje anterior: la mancha verde del promontorio del norte, las casas plomizas, las redes secándose en la arena. Cuando faltaban las redes Marini lo sentía como un empobrecimiento, casi un insulto. Pensó en filmar el paso de la isla, para repetir la imagen en el hotel, pero prefirió ahorrar el dinero de la cámara ya que apenas le faltaba un mes para las vacaciones. No llevaba demasiado la cuenta de los días; a veces era Tania en Beirut, a veces Felisa en Teherán, casi siempre su hermano menor en Roma, todo un poco borroso, amablemente fácil y cordial y como reemplazando otra cosa, llenando las horas antes o después del vuelo, y en el vuelo todo era también borroso y fácil y estúpido hasta la hora de ir a inclinarse sobre la ventanilla de la cola, sentir el frío cristal como un límite del acuario donde lentamente se movía la tortuga dorada en el espeso azul.

Ese día las redes se dibujaban precisas en la arena, y Marini hubiera jurado que el punto negro a la izquierda, al borde del mar, era un pescador que debía estar mirando el avión. «Kalimera», pensó absurdamente. Ya no tenía sentido esperar más, Mario Merolis le prestaría el dinero que le faltaba para el viaje, en menos de tres días estaría en Xiros. Con los labios pegados al vidrio, sonrió pensando que treparía hasta la mancha verde, que entraría desnudo en el mar de las caletas del norte, que pescaría pulpos con los hombres, entendiéndose por señas y risas. Nada era difícil una vez decidido, un tren nocturno, un primer barco, otro barco viejo y sucio, la escala en Rynos, la negación interminable con el capitán de la falúa, la noche en el puente, pegado a las estrellas, el sabor del anís y del carnero, el amanecer entre las islas. Desembarcó con las primeras luces, y el capitán lo presentó a un viejo que debía ser el patriarca. Klaios le tomó la mano izquierda y habló lentamente, mirándolo en los ojos. Vinieron dos muchachos y Marini entendió que eran los hijos de Klaios. El capitán de la falúa agotaba su inglés: veinte habitantes, pulpos, pesca, cinco casas, italiano visitante pagaría alojamiento Klaios. Los muchachos rieron cuando Klaios discutió dracmas; también Marini, ya amigo de los más jóvenes, mirando salir el sol sobre un mar menos oscuro que desde el aire, una habitación pobre y limpia; un jarro de agua, olor a salvia y a piel curtida.

Lo dejaron solo para irse a cargar la falúa, y después de quitarse a manotazos la ropa de viaje y ponerse un pantalón de baño y unas sandalias, echó a andar por la isla. Aún no se veía a nadie, el sol cobraba lentamente impulso y de los matorrales crecía un olor sutil, un poco ácido, mezclado con el yodo del viento. Debían ser las diez cuando llegó al promontorio del norte y recobró la mayor de las caletas. Prefería estar solo aunque le hubiera gustado más bañarse en la playa de arena; la isla lo invadía y lo gozaba con una tal intimidad que no era capaz de pensar o de elegir. La piel le quemaba de sol y de viento cuando se desnudó para tirarse al mar desde una roca; el agua estaba fría y le hizo bien, se dejó llevar por las corrientes insidiosas hasta la entrada de una gruta, volvió mar afuera, se abandonó de espaldas, lo aceptó todo en un solo acto de conciliación que era también un nombre para el futuro. Supo sin la menor duda que no se iría de la isla, que de alguna manera iba a quedarse para siempre en la isla. Alcanzó a imaginar a su hermano, a Felisa, sus caras cuando supieran que se había quedado a vivir de la pesca en un peñón solitario. Ya los había olvidado cuando giró sobre sí mismo para nadar hacia la orilla.

El sol lo secó en seguida, bajó hacia las casas donde dos mujeres lo miraron asombradas antes de correr a encerrarse. Hizo un saludo en el vacío y bajó hacia las redes. Uno de los hijos de Klaios lo esperaba en la playa, y Marini le señaló el mar, invitándolo. El muchacho vaciló, mostrando sus pantalones de tela y su camisa roja. Después fue corriendo hacia una de las casas, volvió casi desnudo; se tiraron juntos a un mar ya tibio, deslumbrante bajo el sol de las once.

Secándose en la arena, Ionas empezó a nombrar las cosas. «Kalimera», dijo Marini, y el muchacho rió hasta doblarse en dos. Después Marini repitió las frases nuevas, enseñó palabras italianas a Ionas. Casi en el horizonte, la falúa se iba empequeñeciendo; Marini sintió que ahora estaba realmente solo en la isla con Klaios y los suyos. Dejaría pasar unos días, pagaría su habitación y aprendería a pescar; alguna tarde, cuando ya lo conocieran bien, les hablaría de quedarse y de trabajar con ellos. Levantándose, tendió la mano a Ionas y echó a andar lentamente hacia la colina. La cuesta era escarpada y trepó saboreando cada alto, volviéndose una y otra vez para mirar las redes en la playa, las siluetas de las mujeres que hablaban animadamente con Ionas y con Klaios y lo miraban de reojo, riendo. Cuando llegó a la mancha verde entró en un mundo donde el olor del tomillo y de la salvia era una misma materia con el fuego del sol y la brisa del mar. Marini miró su reloj pulsera y después, con un gesto de impaciencia, lo arrancó de la muñeca y lo guardó en el bolsillo del pantalón de baño. No sería fácil matar al hombre viejo, pero allí en lo alto, tenso de sol y de espacio, sintió que la empresa era posible. Estaba en Xiros, estaba allí donde tantas veces había dudado que pudiera llegar alguna vez. Se dejó caer de espaldas entre las piedras calientes, resistió sus aristas y sus lomos encendidos, y miró verticalmente el cielo; lejanamente le llegó el zumbido de un motor.

Cerrando los ojos se dijo que no miraría el avión, que no se dejaría contaminar por lo peor de sí mismo que una vez más iba a pasar sobre la isla. Pero en la penumbra de los párpados imaginó a Felisa con las bandejas, en ese mismo instante distribuyendo las bandejas, y su reemplazante, tal vez Giorgio o alguno nuevo de otra línea, alguien que también estaría sonriendo mientras alcanzaba las botellas de vino o el café. Incapaz de luchar contra tanto pasado abrió los ojos y se enderezó, y en el mismo momento vio el ala derecha del avión, casi sobre su cabeza, inclinándose inexplicablemente, el cambio de sonido de las turbinas, la caída casi vertical sobre el mar. Bajó a toda carrera por la colina, golpeándose en las rocas y desgarrándose un brazo entre las espinas. La isla le ocultaba el lugar de la caída, pero torció antes de llegar a la playa y por un atajo previsible franqueó la primera estribación de la colina y salió a la playa más pequeña. La cola del avión se hundía a unos cien metros, en un silencio total. Marini tomó impulso y se lanzó al agua, esperando todavía que el avión volviera a flotar; pero no se veía más que la blanca línea de las olas, una caja de cartón oscilando absurdamente cerca del lugar de la caída, y casi al final, cuando ya no tenía sentido seguir nadando, una mano fuera del agua, apenas un instante, el tiempo para que Marini cambiara de rumbo y se zambullera hasta atrapar por el pelo al hombre que luchó por aferrarse a él y tragó roncamente el aire que Marini le dejaba respirar sin acercarse demasiado. Remolcándolo poco a poco lo trajo hasta la orilla, tomó en brazos el cuerpo vestido de blanco, y tendiéndolo en la arena miró la cara llena de espuma donde la muerte estaba ya instalada, sangrando por un enorme herida en la garganta. De qué podía servir la respiración artificial si con cada convulsión la herida parecía abrirse un poco más y era como una boca repugnante que llamaba a Marini, lo arrancaba a su pequeña felicidad de tan pocas horas en la isla, le gritaba entre borbotones algo que él ya no era capaz de oír. A toda carrera venían los hijos de Klaios y más atrás las mujeres. Cuando llegó Klaios, los muchachos rodeaban el cuerpo tendido en la arena, sin comprender cómo había tenido fuerzas para nadar a la orilla y arrastrarse desangrándose hasta ahí. «Ciérrale los ojos», pidió llorando una de las mujeres. Klaios miró hacia el mar, buscando algún otro superviviente. Pero como siempre estaban solos en la isla, y el cadáver de ojos abiertos era lo único nuevo entre ellos y el mar.

Todos los fuegos el fuego, 1966.

La isla a mediodía y otros relatos, Estella (Navarra), Salvat, 1982 (Biblioteca Básica Salvat, 10), pp. 17-23.

JUAN RULFO (1918)

Nació en el estado mexicano de Jalisco. Solamente con un libro de quince cuentos, El llano en llamas *(1953) y una novela,* Pedro Páramo *(1955), está considerado como uno de los autores hispanoamericanos más importantes; incluso se ha dicho de él que es «el primer clásico vivo de la literatura latinoamericana». La breve y densa obra de Rulfo está poblada de campos áridos, paisajes desolados, violencia, revolución, indios y campesinos desheredados, pobreza e injusticia, muerte y venganza. Su estilo es de una desnuda sobriedad, con una magistral recreación estilizada del lenguaje popular mexicano. Usa técnicas muy distintas: diálogo continuo, cortes narrativos y temporales, monólogo interior, etc. Las descripciones son breves, las metáforas concentradas y el ritmo narrativo siempre el adecuado.*

Pedro Páramo *es una sorprendente e indescriptible novela ubicada en el universo mítico —como algunos de sus cuentos— de Comala. Se entremezcla la añoranza, la nostalgia y la muerte. Lo fantástico —o fantasmagórico— se une a lo real y todo se encuentra impregnado por el poso del polvo y del tiempo. Rafael Conte ha escrito de Rulfo que «ha creado una fábula total, donde se encierra una tragedia colectiva y un destino humano. Ha hecho historia por medio de la realidad, fantasía con la historia, y nos ha metido la violencia hasta los huesos. No era posible hacer más con menos palabras».*

¡DILES QUE NO ME MATEN!

—¡Diles que no me maten, Justino! Anda, vete a decirles eso. Que por caridad. Así diles. Diles que lo hagan por caridad.

—No puedo. Hay allí un sargento que no quiere oír hablar nada de ti.

—Haz que te oiga. Date tus mañas y dile que para sustos ya ha estado bueno. Dile que lo haga por caridad de Dios.

—No se trata de sustos. Parece que te van a matar de veras. Y yo ya no quiero volver allá.

—Anda otra vez. Solamente otra vez, a ver qué consigues.

—No. No tengo ganas de ir. Según eso, yo soy tu hijo. Y, si voy mucho con ellos, acabarán por saber quién soy y les dará por afusilarme a mí también. Es mejor dejar las cosas de este tamaño.

—Anda, Justino. Diles que tengan tantita lástima de mí. Nomás eso diles.

Justino apretó los dientes y movió la cabeza diciendo:

—No.

Y siguió sacudiendo la cabeza durante mucho rato.

—Dile al sargento que te deje ver al coronel. Y cuéntale lo viejo que estoy. Lo poco que valgo. ¿Qué ganancia sacará con matarme? Ninguna ganancia. Al fin y al cabo él debe de tener un alma. Dile que lo haga por la bendita salvación de su alma.

Justino se levantó de la pila de piedras en que estaba sentado y caminó hasta la puerta del corral. Luego se dio vuelta para decir:

—Voy, pues. Pero si de perdida me afusilan a mí también, ¿quién cuidará de mi mujer y de los hijos?

—La Providencia, Justino. Ella se encargará de ellos. Ocúpate de ir allá y ver qué cosas haces por mí. Eso es lo que urge.

Lo habían traído de madrugada. Y ahora era ya entrada la mañana y él seguía todavía allí, amarrado a un horcón *, esperando. No se podía estar quieto. Había hecho el intento de dormir un rato para apaciguarse, pero el sueño se le había ido. También se le había ido el hambre. No tenía ganas de nada. Sólo de vivir. Ahora que sabía bien a bien que lo iban a matar le habían entrado unas ganas tan grandes de vivir como sólo las puede sentir un recién resucitado.

Quién le iba a decir que volvería aquel asunto tan viejo, tan rancio, tan enterrado como creía que estaba. Aquel asunto de cuando tuvo que matar a don Lupe. No nada más por nomás, como quisieron hacerle ver los de Alima, sino porque tuvo sus razones. Él se acordaba:

Don Lupe Terreros, el dueño de la Puerta de Piedra, por más señas su compadre. Al que él, Juvencio Nava, tuvo que matar por eso; por ser el dueño de la Puerta de Piedra y que, siendo también su compadre, le negó el pasto para sus animales.

Primero se aguantó por puro compromiso. Pero después, cuando la sequía, en que vio cómo se le morían uno tras otro sus animales hostigados por el hambre y que su compadre don

Lupe seguía negándole la yerba de sus potreros *, entonces fue cuando se puso a romper la cerca y a arrear la bola * de animales flacos hasta las parameras para que se hartaran de comer. Y eso no le había gustado a don Lupe, que mandó tapar otra vez la cerca, para que él, Juvencio Nava, le volviera a abrir otra vez el agujero. Así, de día se tapaba el agujero y de noche se volvía a abrir, mientras el ganado estaba allí, siempre pegado a la cerca, siempre esperando; aquel ganado suyo que antes nomás se vivía oliendo el pasto sin poder probarlo.

Y él y don Lupe alegaban * y volvían a alegar sin llegar a ponerse de acuerdo.

Hasta que una vez don Lupe le dijo:

—Mira, Juvencio, otro animal más que metas al potrero y te lo mato.

Y él le contestó:

—Mire, don Lupe, yo no tengo la culpa de que los animales busquen su acomodo. Ellos son inocentes. Ahí se lo haiga si me los mata.

«Y me mató un novillo.

»Esto pasó hace treinta y cinco años, por marzo, porque ya en abril andaba yo en el monte, corriendo del exhorto *. No me valieron ni las diez vacas que le di al juez, ni el embargo de mi casa para pagarle la salida de la cárcel. Todavía después se pagaron con lo que quedaba nomás por no perseguirme, aunque de todos modos me perseguían. Por eso me vine a vivir junto con mi hijo a este otro terrenito que yo tenía y que se nombra Palo de Venado. Y mi hijo creció y se casó con la nuera Ignacia y tuvo ya ocho hijos. Así que la cosa ya va para viejo, y según eso debería estar olvidada. Pero, según eso, no lo está.

»Yo entonces calculé que con unos cien pesos quedaba arreglado todo. El difunto don Lupe era solo, solamente con su mujer y los dos muchachitos todavía de a gatas. Y la viuda pronto murió también dizque * de pena. Y a los muchachitos se los llevaron lejos, donde unos parientes. Así que, por parte de ellos, no había que tener miedo.

»Pero los demás se atuvieron a que yo andaba exhortado y enjuiciado para asustarme y seguir robándome. Cada que llegaba alguien al pueblo me avisaban:

»—Por ahí andan unos fuereños *, Juvencio.

»Y yo echaba pal monte, entreverándome entre los madroños y pasándome los días comiendo sólo verdolagas *. A veces tenía que salir a la medianoche, como si me fueran correteando los perros. Eso duró toda la vida. No fue un año ni dos. Fue toda la vida.»

Y ahora habían ido por él, cuando no esperaba ya a nadie, confiado en el olvido en que lo tenía la gente; creyendo que al menos sus últimos días los pasaría tranquilo. «Al menos esto —pensó— conseguiré con estar viejo. Me dejarán en paz.»

Se había dado a esta esperanza por entero. Por eso era que le costaba trabajo imaginar morir así, de repente, a estas alturas de su vida, después de tanto pelear para librarse de la muerte; de haberse pasado su mejor tiempo tirando de un lado para otro, arrastrado por los sobresaltos y cuando su cuerpo había acabado por ser un puro pellejo correoso curtido por los malos días en que tuvo que andar escondiéndose de todos.

Por si acaso, ¿no había dejado hasta que se le fuera su mujer? Aquel día en que amaneció con la nueva de que su mujer se le había ido, ni siquiera le pasó por la cabeza la intención de salir a buscarla. Dejó que se fuera sin indagar para nada ni con quién ni para dónde, con tal de no bajar al pueblo. Dejó que se fuera como se le había ido todo lo demás, sin meter las manos. Ya lo único que le quedaba para cuidar era la vida, y ésta la conservaría a como diera lugar. No podía dejar que lo mataran. No podía. Mucho menos ahora.

Pero para eso lo habían traído de allá, de Palo de Venado. No necesitaron amarrarlo para que los siguiera. Él anduvo solo, únicamente maniatado por el miedo. Ellos se dieron cuenta de que no podía correr con aquel cuero viejo, con aquellas piernas flacas como sicuas * secas, acalambradas por el miedo de morir. Porque a eso iba. A morir. Se lo dijeron.

Desde entonces lo supo. Comenzó a sentir esa comezón en el estómago, que le llegaba de pronto siempre que veía de cerca la muerte y que le sacaba el ansia por los ojos, y que le hinchaba la boca con aquellos buches de agua agria que tenía que tragarse sin querer. Y esa cosa que le hacía los pies pesados mientras su cabeza se le ablandaba y el corazón le pegaba con todas sus fuerzas en las costillas. No, no podía acostumbrarse a la idea de que lo mataran.

Tenía que haber alguna esperanza. En algún lugar podría aún quedar alguna esperanza. Tal vez ellos se hubieran equivocado. Quizá buscaban a otro Juvencio Nava y no al Juvencio Nava que era él.

Caminó entre aquellos hombres en silencio, con los brazos caídos. La madrugada era oscura, sin estrellas. El viento soplaba despacio, se llevaba la tierra seca y traía más, llena de ese olor como de orines que tiene el polvo de los caminos.

Sus ojos, que se habían apeñuscado con los años, venían viendo la tierra, aquí, debajo de sus pies, a pesar de la oscuridad. Allí en la tierra estaba toda su vida. Sesenta años de vivir sobre de ella, de encerrarla entre sus manos, de haberla probado como se prueba el sabor de la carne. Se vino largo rato desmenuzándola con los ojos, saboreando cada pedazo como si fuera el último, sabiendo casi que sería el último.

Luego, como queriendo decir algo, miraba a los hombres que iban junto a él. Iba a decirles que lo soltaran, que lo dejaran que se fuera: «Yo no le he hecho daño a nadie, muchachos», iba a decirles, pero se quedaba callado. «Más adelantito se lo diré», pensaba. Y sólo los veía. Podía hasta imaginar que eran sus amigos; pero no quería hacerlo. No lo eran. No sabía quiénes eran. Los veía a su lado ladeándose y agachándose de vez en cuando para ver por dónde seguía el camino.

Los había visto por primera vez al pardear de la tarde, en esa hora desteñida en que todo parece chamuscado. Habían atravesado los surcos pisando la milpa * tierna. Y él había bajado a eso: a decirles que allí estaba comenzando a crecer la milpa. Pero ellos no se detuvieron.

Los había visto con tiempo. Siempre tuvo la suerte de ver con tiempo todo. Pudo haberse escondido, caminar unas cuantas horas por el cerro mientras ellos se iban y después volver a bajar. Al fin y al cabo la milpa no se lograría de ningún modo. Ya era tiempo de que hubieran venido las aguas y las aguas no aparecían y la milpa comenzaba a marchitarse. No tardaría en estar seca del todo.

Así que ni valía la pena de haber bajado; haberse metido entre aquellos hombres como en un agujero, para ya no volver a salir.

Y ahora seguía junto a ellos, aguantándose las ganas de decirles que lo soltaran. No les veía la cara; sólo veía los bultos que se repegaban o se separaban de él. De manera que cuando se puso a hablar, no supo si lo habían oído. Dijo:

—Yo nunca le he hecho daño a nadie —eso dijo. Pero nada cambió. Ninguno de los bultos pareció darse cuenta. Las caras no se volvieron a verlo. Siguieron igual, como si hubieran venido dormidos.

Entonces pensó que no tenía nada más que decir, que tendría que buscar la esperanza en algún otro lado. Dejó caer otra vez los brazos y entró en las primeras casas del pueblo en medio de aquellos cuatro hombres oscurecidos por el color negro de la noche.

—Mi coronel, aquí está el hombre.

Se habían detenido delante del boquete de la puerta. Él, con el sombrero en la mano, por respeto, esperando ver salir a alguien. Pero sólo salió la voz:

—¿Cuál hombre? —preguntaron.

—El de Palo de Venado, mi coronel. El que usted nos mandó a traer.

—Pregúntale que si ha vivido alguna vez en Alima —volvió a decir la voz de allá adentro.

—¡Ey, tú! ¿Que si has habitado en Alima? —repitió la pregunta el sargento que estaba frente a él.

—Sí. Dile al coronel que de allá mismo soy. Y que allí he vivido hasta hace poco.

—Pregúntale que si conoció a Guadalupe Terreros.

—Que dizque si conociste a Guadalupe Terreros.

—¿A don Lupe? Sí. Dile que sí lo conocí. Ya murió.

Entonces la voz de allá adentro cambió de tono:

—Ya sé que murió —dijo. Y siguió hablando como si platicara con alguien allá, al otro lado de la pared de carrizos *.

—Guadalupe Terreros era mi padre. Cuando crecí y lo busqué me dijeron que estaba muerto. Es algo difícil crecer sabiendo que la cosa de donde podemos agarrarnos para enraizar está muerta. Con nosotros, eso pasó.

«Luego supe que lo habían matado a machetazos, clavándole después una pica de buey en el estómago. Me contaron que duró más de dos días perdido y que, cuando lo encontraron, tirado en un arroyo, todavía estaba agonizando y pidiendo el encargo de que le cuidaran a su familia.

»Esto, con el tiempo, parece olvidarse. Uno trata de olvidarlo. Lo que no se olvida es llegar a saber que el que hizo aquello está aún vivo, alimentando su alma podrida con la ilusión de la vida eterna. No podría perdonar a ése, aunque no lo conozco; pero el hecho de que se haya puesto en el lugar donde yo sé que está, me da ánimos para acabar con él. No puedo perdonarle que siga viviendo. No debía haber nacido nunca».

Desde acá, desde afuera, se oyó bien claro cuanto dijo. Después ordenó:

—¡Llévenselo y amárrenlo un rato, para que padezca, y luego fusílenlo!

—¡Mírame, coronel! —dijo él—. Ya no valgo nada. No tardaré en morirme solito, derrengado de viejo. ¡No me mates...!

—¡Llévenselo! —volvió a decir la voz de adentro.

—...Ya he pagado, coronel. He pagado muchas veces. Todo me lo quitaron. Me castigaron de muchos modos. Me he pasado cosa de cuarenta años escondido como un apestado, siempre con el pálpito de que en cualquier rato me matarían. No merezco morir así, coronel. Déjame que, al menos, el Señor me perdone. ¡No me mates! ¡Diles que no me maten!

Estaba allí, como si lo hubieran golpeado, sacudiendo su sombrero contra la tierra. Gritando.

En seguida la voz de allá adentro dijo:

—Amárrenlo y denle algo de beber hasta que se emborrache para que no le duelan los tiros.

Ahora, por fin, se había apaciguado. Estaba allí arrinconado al pie del horcón. Había venido su hijo Justino y su hijo Justino se había ido y había vuelto y ahora otra vez venía.

Lo echó encima del burro. Lo apretaló bien apretado al aparejo para que no se fuese a caer por el camino. Le metió su cabeza dentro de un costal para que no diera mala impresión. Y luego le hizo pelos * al burro y se fueron, arrebiatados *, de prisa, para llegar a Palo de Venado todavía con tiempo para arreglar el velorio del difunto.

—Tu nuera y los nietos te extrañarán —iba diciéndole—. Te mirarán a la cara y creerán que no eres tú. Se les afigurará que te ha comido el coyote, cuando te vean con esa cara tan llena de boquetes por tanto tiro de gracia como te dieron.

El llano en llamas, 1953.

Pedro Páramo. El llano en llamas, Barcelona, Planeta, 1972, pp. 193-200.

Gabriel García Márquez (1928)

Periodista y narrador colombiano, Premio Nobel de Literatura, figura destacada de las letras hispanoamericanas. Ha escrito las novelas cortas: La hojarasca *(1955),* El coronel no tiene quien le escriba *(1961) y* La mala hora *(1963). Relatos:* Los funerales de la Mama Grande *(1962) y* La increíble y triste historia de la cándida Eréndira y de su abuela desalmada *(1972). Novelas:* Cien años de soledad *(1967),* El otoño del patriarca *(1975) y* Crónica de una muerte anunciada *(1981).*

Con Cien años de soledad, *García Márquez consigue la consagración universal; se trata de uno de los mayores éxitos de la novela contemporánea. En ella culminan sus narraciones anteriores y se encuentra parte de la obra posterior. García Márquez crea un inolvidable universo, el de Macondo, donde se funde el tiempo, la realidad y la fantasía, los recuerdos, las tradiciones y las fábulas. Carlos Fuentes dice que es una mezcla de epopeya, utopía y mito; Rafael Conte habla de una encrucijada del cuento de hadas y la crónica histórica, y Vargas Llosa afirma que es el «Amadís» de América.* El otoño del patriarca *es una reflexión novelesca sobre el tema tan tratado del dictador latinoamericano, y* Crónica de una... *es la demostración de cómo el buen oficio de escritor hace apasionante un argumento cuyo desenlace conocemos desde el principio. Todas las obras del narrador colombiano son una demostración de unas dotes de fabulador no frecuentes.*

EL AHOGADO MÁS HERMOSO DEL MUNDO

Los primeros niños que vieron el promontorio oscuro y sigiloso que se acercaba por el mar, se hicieron la ilusión de que era un barco enemigo. Después vieron que no llevaba banderas ni arboladura, y pensaron que fuera una ballena. Pero cuando quedó varado en la playa le quitaron los matorrales de sargazos, los filamentos de medusas y los restos de cardúmenes * y naufragios que llevaba encima, y sólo entonces descubrieron que era un ahogado.

Habían jugado con él toda la tarde, enterrándolo y desenterrándolo en la arena, cuando alguien los vio por casualidad y dio la voz de alarma en el pueblo. Los hombres que lo cargaron hasta la casa más próxima notaron que pesaba más que todos los muertos conocidos, casi tanto como un caballo, y se dijeron que tal vez había estado demasiado tiempo a la deriva y el agua se le había metido dentro de los huesos. Cuando lo tendieron en el suelo vieron que había sido mucho más grande que todos los hombres, pues apenas si cabía en la casa, pero pensaron que tal vez la facultad de seguir creciendo después de la muerte estaba en la naturaleza de ciertos ahogados. Tenía el olor del mar, y sólo la forma permitía suponer que era el cadáver de un ser humano, porque su piel estaba revestida de una coraza de rémora * y de lodo.

No tuvieron que limpiarle la cara para saber que era un muerto ajeno. El pueblo tenía apenas unas veinte casas de tablas, con patios de piedras sin flores, desperdigadas en el extremo de un cabo desértico. La tierra era tan escasa, que las madres andaban siempre con el temor de que el viento se llevara a los niños, y a los pocos muertos que les iban causando los años tenían que tirarlos en los acantilados. Pero el mar era manso y pródigo, y todos los hombres cabían en siete botes. Así que cuando encontraron el ahogado les bastó con mirarse los unos a los otros para darse cuenta de que estaban completos.

Aquella noche no salieron a trabajar en el mar. Mientras los hombres averiguaban si no faltaba alguien en los pueblos vecinos, las mujeres se quedaron cuidando al ahogado. Le quitaron el lodo con tapones de esparto, le desenredaron del cabello los abrojos submarinos y le rasparon la rémora con fierros de desescamar pescados. A medida que lo hacían, notaron que su vegetación era de océanos remotos y de aguas profundas, y que sus ropas estaban en piltrafas, como si hubiera navegado por entre laberintos de corales. Notaron también que sobrellevaba la muerte con altivez, pues no tenía el semblante solitario de los otros ahogados del mar, ni tampoco la catadura sórdida y menesterosa de los ahogados fluviales. Pero solamente cuando acabaron de limpiarlo tuvieron conciencia de la clase de hombre que era, y entonces se quedaron sin aliento. No sólo era el más alto, el más fuerte, el más viril y el mejor armado que habían visto jamás, sino que todavía cuando lo estaban viendo no les cabía en la imaginación.

No encontraron en el pueblo una cama bastante grande para tenderlo ni una mesa bastante sólida para velarlo. No le vinieron los pantalones de fiesta de los hombres más altos, ni las camisas dominicales de los más corpulentos, ni los zapatos del mejor plantado. Fascinadas por su desproporción y su hermosura, las mujeres decidieron entonces hacerle unos pantalones con un buen pedazo de vela cangreja, y una camisa de bramante de novia, para que pudiera continuar su muerte con dignidad. Mientras cosían sentadas en círculo, contemplando el cadáver entre puntada y puntada, les parecía que el viento no había sido nunca tan tenaz ni el Caribe había estado nunca tan ansioso como aquella noche, y suponían que esos cambios tenían algo que ver con el muerto. Pensaban que si aquel hombre magnífico hubiera vivido en el pueblo, su casa habría tenido las puertas más anchas, el techo más alto y el piso más firme, y el bastidor de su cama habría sido de cuadernas maestras con pernos de hierro, y su mujer habría sido la más feliz. Pensaban que habría tenido tanta autoridad que hubiera sacado los peces del mar con sólo llamarlos por sus nombres, y habría puesto tanto empeño en el trabajo que hubiera hecho brotar manantiales de entre las piedras más áridas, y hubiera podido sembrar flores en los acantilados. Lo compararon en secreto con sus propios hombres, pensando que no serían capaces de hacer en toda una vida lo que aquél era capaz de hacer en una noche, y terminaron por repudiarlos en el fondo de sus corazones como los seres más escuálidos y mezquinos de la tierra. Andaban extraviadas por esos dédalos de fantasía, cuando la más vieja de las mujeres, que por ser la más vieja había contemplado al ahogado con menos pasión que compasión, suspiró:

—Tiene cara de llamarse Esteban.

Era verdad. A la mayoría le bastó con mirarlo otra vez para comprender que no podía tener otro nombre. Las más porfiadas, que eran las más jóvenes, se mantuvieron con la ilusión de que al ponerle la ropa, tendido entre flores y con unos zapatos de charol, pudiera llamarse Lautaro. Pero fue una ilusión vana. El lienzo resultó escaso, los pantalones mal cortados y peor cosidos le quedaron estrechos, y las fuerzas ocultas de su corazón hacían saltar los botones de la camisa. Después de la media noche se adelgazaron los silbidos del viento y el mar cayó en el sopor del miércoles. El silencio acabó con las últimas dudas: era Esteban. Las mujeres que lo habían vestido, las que lo habían peinado, las que le habían cortado las uñas y raspado la barba no pudieron reprimir un estremecimiento de compasión, cuando tuvieron que resignarse a dejarlo tirado por los suelos. Fue entonces cuando comprendieron cuánto debió haber sido de infeliz con aquel cuerpo descomunal, si hasta después de muerto le estorbaba. Lo vieron condenado en vida a pasar de medio lado por las puertas, a descalabrarse con los travesaños, a permanecer de pie en las visitas sin saber qué hacer con sus tiernas y rosadas manos de buey de mar, mientras la dueña de casa buscaba la silla más resistente y le suplicaba muerta de miedo siéntese aquí Esteban, hágame el favor, y él recostado contra las paredes, sonriendo, no se preocupe señora, así estoy bien, con los talones en carne viva y las espaldas escaldadas de tanto repetir lo mismo en todas las visitas, no se preocupe señora, así estoy bien, sólo para no pasar por la vergüenza de desbaratar la silla, y acaso sin haber sabido nunca que quienes le decían no te vayas Esteban, espérate siquiera hasta que hierva el café, eran los mismos que después susurraban ya se fue el bobo grande, qué bueno, ya se fue el tonto hermoso. Esto pensaban las mujeres frente al cadáver un poco antes del amanecer. Más tarde, cuando le taparon la cara con un pañuelo para que no le molestara la luz, lo vieron tan muerto para siempre, tan indefenso, tan parecido a sus hombres, que se les abrieron las primeras grietas de lágrimas en el corazón. Fue una de las más jóvenes la que empezó a sollozar. Las otras, alentándose entre sí, pasaron de los suspiros a los lamentos, y mientras más sollozaban más deseos sentían de llorar, porque el ahogado se les iba volviendo cada vez más Esteban, hasta que lo lloraron tanto que fue el hombre más desvalido de la tierra, el más manso y el más servicial, el pobre Esteban. Así que cuando los hombres volvieron con la noticia de que el ahogado no era tampoco de los pueblos vecinos, ellas sintieron un vacío de júbilo entre las lágrimas.

—¡Bendito sea Dios —suspiraron—: es nuestro!

Los hombres creyeron que aquellos aspavientos no eran más que frivolidades de mujer. Cansados de las tortuosas averiguaciones de la noche, lo único que querían era quitarse de una vez el estorbo del intruso antes de que prendiera el sol bravo de aquel día árido y sin viento. Improvisaron unas angarillas con restos de trinquetes y botavaras *, y las amarraron con carlingas de altura, para que resistieran el peso del cuerpo hasta los acantilados. Quisieron encadenarle a los tobillos un ancla de buque mercante para que fondeara sin tropiezos en los mares más profundos donde los peces son ciegos y los buzos se mueren de nostalgia, de manera que las malas corrientes no fueran a devolverlo a la orilla, como había sucedido con otros cuerpos. Pero mientras más se apresuraban, más cosas se les ocurrían a las mujeres para perder el tiempo. Andaban como gallinas asustadas picoteando amuletos de mar en los arcones, unas estorbando aquí porque querían ponerle al ahogado los escapularios del buen viento, otras estorbando allá para abrocharle una pulsera de orientación, y al cabo de tanto quítate de ahí mujer, ponte donde no estorbes, mira que casi me haces caer sobre el difunto, a los hombres se les subieron al hígado las suspicacias, y empezaron a rezongar que con qué objeto tanta ferretería de altar mayor para un forastero, si por muchos estoperoles * y calderetas que llevara encima se lo iban a masticar los tiburones, pero ellas seguían tripotando sus reliquias de pacotilla, llevando y trayendo, tropezando, mientras se les iba en suspiros lo que no se les iba en lágrimas, así que los hombres terminaron por despotricar que de cuándo acá semejante alboroto por un muerto al garete, un ahogado de nadie, un fiambre de mierda. Una de las mujeres, mortificada por tanta indolencia, le quitó entonces al cadáver el pañuelo de la cara, y también los hombres se quedaron sin aliento.

Era Esteban. No hubo que repetirlo para que lo reconocieran. Si les hubieran dicho Sir Walter Raleigh, quizás, hasta ellos se habrían impresionado con su acento de gringo, con su guacamaya * en el hombro, con su arcabuz de matar caníbales, pero Esteban solamente podía ser uno en el mundo, y allí estaba tirado como un sábalo *, sin botines, con unos pantalones de sietemesino y esas uñas rocallosas que sólo podían cortarse a cuchillo. Bastó con que le quitaran el pañuelo de la cara para darse cuenta de que estaba avergonzado, de que no tenía la culpa de ser tan grande, ni tan pesado ni tan hermoso, y si hubiera sabido que aquello iba a suceder habría buscado un lugar más discreto para ahogarse, en serio, me hubiera amarrado yo mismo un áncora de galeón en el cuello y hubiera trastabillado como quien no quiere la cosa en los acantilados, para no andar ahora estorbando con este muerto de miércoles, como ustedes dicen, para no molestar a nadie con esta porquería de fiambre que no tiene nada que ver conmigo. Había tanta verdad en su modo de estar, que hasta los hombres más suspicaces, los que sentían amargas las minuciosas noches del mar temiendo que sus mujeres se cansaran de soñar con ellos para soñar con los ahogados, hasta ésos, y otros más duros, se estremecieron en los tuétanos con la sinceridad de Esteban.

Fue así como le hicieron los funerales más espléndidos que podían concebirse para un ahogado expósito. Algunas mujeres que habían ido a buscar flores en los pueblos vecinos regresaron con otras que no creían lo que les contaban, y éstas se fueron por más flores cuando vieron al muerto, y llevaron más y más, hasta que hubo tantas flores y tanta gente que apenas si se podía caminar. A última hora les dolió devolverlo huérfano a las aguas, y le eligieron un padre y una madre entre los mejores, y otros se le hicieron hermanos, tíos y primos, así que a través de él todos los habitantes del pueblo terminaron por ser parientes entre sí. Algunos marineros que oyeron el llanto a la distancia perdieron la certeza del rumbo, y se supo de uno que se hizo amarrar al palo mayor, recordando antiguas fábulas de sirenas. Mientras se disputaban el privilegio de llevarlo en hombros por la pendiente escarpada de los acantilados, hombres y mujeres tuvieron conciencia por primera vez de la desolación de sus calles, la aridez de sus patios, la estrechez de sus sueños, frente al esplendor y la hermosura de su ahogado. Lo soltaron sin ancla, para que volviera si quería, y cuando lo quisiera, y todos retuvieron el aliento durante la fracción de siglos que demoró la caída del cuerpo hasta el abismo. No tuvieron necesidad de mirarse los unos a los otros para darse cuenta de que ya no estaban completos, ni volverían a estarlo jamás. Pero también sabían que todo sería diferente desde entonces, que sus casas iban a tener las puertas más anchas, los techos más altos, los pisos más firmes, para que el recuerdo de Esteban pudiera andar por todas partes sin tropezar con los travesaños, y que nadie se atreviera a susurrar en el futuro ya murió el bobo grande, qué lástima, ya murió el tonto hermoso, porque ellos iban a pintar las fachadas de colores alegres para eternizar la memoria de Esteban, y se iban a romper el espinazo excavando manantiales en las piedras y sembrando flores en los acantilados, para que en los amaneceres de los años venturos los pasajeros de los grandes barcos despertaran sofocados por un olor de jardines en altamar, y el capitán tuviera que bajar de su alcázar con su uniforme de gala, con su astrolabio, su estrella polar y su ristra de medallas de guerra, y señalando el promontorio de rosas en el horizonte del Caribe dijera en catorce idiomas, miren allá donde el viento es ahora tan manso que se queda a dormir debajo de las camas, allá, donde el sol brilla tanto que no saben hacia dónde girar los girasoles, sí, allá, es el pueblo de Esteban.

(1968)

La increíble y triste historia de la cándida Eréndira y de su abuela desalmada. Siete cuentos, Barcelona, Barral, 1972[2], pp. 47-56.

CUENTOS EXTRANJEROS

Edgar Allan Poe (1809-1849)

Poeta y narrador, es una de las figuras cumbre de la literatura norteamericana y universal. Toda su breve existencia estuvo marcada por las especiales circunstancias familiares, por su propia personalidad compleja e hipersensible, por su vida bohemia y vagabunda, amenazada continuamente por el delirium tremens. *En poesía hay que señalar su inmortal poema* El Cuervo *(1854). Escribió una única novela, trepidante y truculenta,* Las aventuras de Arthur Gordon Pym *(1838). Pero Allan Poe debe su fama principalmente a sus «extraordinarios» cuentos, entre los que se deben citar:* Manuscrito encontrado en una botella *(1833),* El hundimiento de la casa Usher *(1839),* Los crímenes de la calle Morgue *(1841),* El pozo y el péndulo *(1842),* El escarabajo de oro *(1843),* El gato negro *(1843),* La carta robada *(1844) y* La barrica de amontillado *(1846).*

Su lucidez mental, unida a las terribles caídas en «abismos de oscuridad y negrura», su melancolía y frustración, afloran en sus cuentos en los que destacan la expresión vigorosa, la concentración dramática y la fuerza patética. Dice Julio Cortázar que muchos de los relatos de Poe nacieron de un estado de trance, ex-orbitado; de ahí el efecto traumático contagioso, de anormalidad, incluso diabólico. Renovó el género fantástico e inventó el policíaco. Su influencia en la literatura posterior ha sido enorme.

EL CORAZÓN DELATOR

¡Es verdad! He sido nervioso; muy nervioso, tremendamente nervioso. Y lo soy aún. Con la enfermedad mis sentidos se agudizaron, no se destruyeron ni embotaron. Y por encima de todos estaba la agudeza de mi oído. Oía todo cuanto hay que oír en el cielo y en la tierra. Y oía muchas cosas en el infierno. Entonces... ¿cómo puedo estar loco? Escuchen y vean con qué cordura, con qué calma les puedo contar toda la historia.

Lápida en honor
de Washington Irving,
por Mariano Benlliure,
en Sevilla.

Ilustración para *Papeles póstumos del Club Pickwick*,
de Ch. Dickens.

No me es posible decir cómo me vino la idea a la cabeza por primera vez. Pero sí que una vez concebida me obsesionó día y noche. No había ningún motivo. No tenía ninguna pasión. Yo quería al viejo. Nunca había sido injusto conmigo. Jamás me había insultado. Yo no deseaba su oro. ¡Creo que fue su ojo! Sí, eso fue. Tenía un ojo de buitre, un ojo azul pálido recubierto con una telilla. Cada vez que este ojo caía sobre mí se me helaba la sangre. Y así, paso a paso, muy gradualmente, me decidí a matar al viejo y librarme de este modo, para siempre, de aquel ojo.

Y aquí está lo más importante. Ustedes suponen que estoy loco pero los locos no saben nada. En cambio... ¡tendrían que haberme visto! ¡Deberían haber visto qué atinadamente actué! ¡Con qué precaución, con qué previsión, con qué disimulo fui realizando mi trabajo!

Nunca estuve tan amable con el viejo como durante toda la semana anterior a matarlo. Cada noche, hacia las doce, giraba el picaporte de su puerta y la abría, ¡con toda suavidad! hasta tener una abertura suficiente para que cupiera mi cabeza y entonces, introducía una linterna sorda, cerrada, totalmente cerrada, para que no se filtrara ni un rayo de luz; después metía mi cabeza. ¡Oh! os hubiérais reído de ver con cuánta astucia lo hacía. La movía despacio... muy, muy despacio... para no perturbar el sueño del viejo. Me llevaba una hora introducir toda la cabeza por la abertura hasta poder verlo tumbado en su cama. ¿Eh? ¿Habría sido un loco tan prudente? Y cuando ya la tenía toda dentro del cuarto iba abriendo la linterna con mucha cautela, ¡oh, sí! muy, muy cautelosamente, porque las bisagras chirriaban, hasta que un tenue rayo de luz caía sobre el ojo de buitre. Esto lo hice durante siete largas noches, cada noche a las doce en punto, pero siempre encontré el ojo cerrado y me fue imposible realizar mi trabajo, porque no era el viejo el que me exasperaba, sino su Mal de Ojo. Y después cada mañana, al romper el día, entraba decidido en su habitación y le hablaba animosamente, llamándole cariñosamente por su nombre y preguntándole cómo había pasado la noche. Como pueden ver ustedes, tendría que haber sido un viejo muy sagaz para sospechar que cada noche, exactamente a las doce, yo le observaba mientras dormía.

En la octava noche abrí la puerta con más cautela que nunca. El minutero de un reloj se mueve más deprisa de lo que yo me movía. Nunca, hasta aquella noche había sentido el alcance de mis facultades, de mi sagacidad. Apenas podía contener mi sentimiento de triunfo. ¡Pensar que estaba allí abriendo la puerta poco a poco y él ni siquiera soñaba con mis actos y pensamientos secretos! Ante esta idea sonreí entre dientes y, quizás, él me oyó, porque de pronto se movió en la cama como si se sobresaltara. Ustedes pensarán que me volví atrás, pero no. Su cuarto estaba tan negro como la boca de un lobo (ya que los postigos tenían pasado el cerrojo por miedo a los ladrones) y yo sabía que él no podía ver la abertura de la puerta, así que continué empujándola constantemente, constantemente.

Tenía ya la cabeza dentro y estaba a punto de abrir la linterna cuando mi dedo resbaló sobre el cierre de hojalata y el viejo se incorporó en la cama gritando: ¿Quién está ahí?

Me mantuve completamente quieto y sin decir palabra. Durante toda una hora no moví un músculo y en todo este tiempo no le oí volver a acostarse. Permanecía sentado en la cama escuchando; como yo había hecho noche tras noche sintiendo en la pared el tic-tic de la carcoma que presagia la muerte.

Al poco rato oí un débil gemido y conocí que era el gemido de un terror mortal. No era un gemido de dolor o de aflicción, ¡oh, no!, era el sonido grave y ahogado que brota del fondo del alma abrumada por el terror. Yo lo conocía bien. Muchas noches, exactamente a media noche, cuando el mundo entero dormía, salió del fondo de mi alma redoblando con su espantoso eco los terrores que me trastornaban. Sí, lo conocía bien. Sabía lo que sentía el viejo y tuve pena de él, aunque para mis adentros me reía. Supe que había estado despierto desde el primer ruido ligero, cuando se revolvió en la cama. Estuvo tratando de imaginar que no tenía importancia, pero no lo consiguió. Se diría: «Es sólo el viento en la chimenea; no es más que un ratón que cruza por el suelo», o «tan sólo un grillo que chirrió sólo una vez». Sí, trataría de reconfortarse con estas suposiciones. Pero todo fue en vano. Todo en vano; porque la Muerte, acercándose a él furtivamente, extendió su negro manto y lo envolvió. Y la lúgubre influencia de esta imperceptible sombra fue la que le hizo sentir, porque ni vio ni oyó, la presencia de mi cabeza dentro de la habitación.

Cuando hube esperado un largo rato, pacientemente, sin oír que se acostara de nuevo, decidí abrir una rendija pequeña, muy pequeña, en la linterna. Y la abrí, ¡no se imaginan ustedes con qué cautela! ¡cuán cautelosamente!, hasta que al fin un débil rayo de luz, como el hilo de una araña, salió de la ranura y dio de lleno en el ojo de buitre.

Estaba abierto, desorbitadamente abierto, y mientras lo miraba fijamente me iba enfureciendo. Lo veía con toda claridad: todo de un pálido azul con el odioso velo sobre él, que helaba hasta el tuétano de mis huesos. Pero no veía nada más de la cara o el cuerpo del viejo, porque instintivamente había dirigido el rayo de luz sobre el punto maldito.

Y ahora bien, ¿no les había dicho yo que lo que toman equivocadamente por locura es sólo una hipersensibilidad de los sentidos? Pues bien, en aquel momento, como les digo, llegó a mis oídos un sonido rápido, monótono y ahogado como el de un reloj envuelto en algodones. También conocía yo aquel sonido. Era el latir del corazón del viejo que aumentó mi furor como el redoble de un tambor estimula el coraje del soldado.

Aún entonces me contuve y permanecí callado. Apenas si respiraba y sostenía la linterna inmóvil. Traté de mantener el rayo de luz sobre el ojo todo lo fijo que pude. Y mientras tanto el infernal palpitar del corazón aumentó. A cada instante era más y más rápido y más y más fuerte. ¡El terror del viejo debía ser inmenso! ¡Y momento a momento, repito, el ruido aumentaba! ¿Me van comprendiendo ustedes? Les dije que era nervioso y lo soy. Y entonces, a tan altas horas de la noche, en medio del angustioso silencio de aquella vieja casa, un sonido tan extraño como aquél me agitó con un terror incontrolable. Pude aún contenerme durante unos minutos y permanecer inmóvil. ¡Pero el latido resonaba más y más! Pensé que el corazón tendría que estallar. Y una nueva ansiedad se apoderó de mí... ¡Algún vecino podría oírlo! ¡La hora del viejo había llegado! Con un fuerte alarido abrí de par en par la linterna y de un brinco entré en la habitación. El dio un solo grito... sólo uno. En un instante lo arrastré al suelo y volqué el pesado catre sobre él. Entonces sonreí alegremente al ver mi hazaña concluida. Pero durante algunos minutos el corazón continuó latiendo con un sonido apagado. Sin embargo, esto no me preocupaba ya, porque no podría oírse a través de la pared. Al fin cesó de latir. El viejo había muerto. Quité el catre y examiné el cadáver. Sí, estaba muerto, completamente muerto. Puse mi mano sobre su corazón y la mantuve allí largo rato. No había ningún latido. Estaba totalmente muerto. Su ojo no volvería a molestarme.

Si todavía piensan que estoy loco dejarán de pensarlo cuando les describa las juiciosas precauciones que tomé para esconder el cadáver. La noche iba pasando y yo trabajaba apresuradamente pero sin ruido. Primero lo descuarticé. Le corté la cabeza, los brazos y las piernas.

Quité después tres tablas del entarimado de la habitación y lo deposité todo allí. Luego, volví a colocar las tablas tan hábilmente, tan astutamente, que ningún ojo humano, incluso *el suyo,* podría haber encontrado allí algo anormal. No había nada que lavar, ninguna clase de mancha, ninguna gota de sangre. Fui demasiado cauto para ello. Todo lo recogí en un cubo... ¡ja, ja!

Al terminar mi trabajo eran las cuatro de la madrugada, tan oscuro aún como a media noche. Cuando la campana del reloj daba las horas, llamaron a la puerta de la calle. Bajé a abrir tranquilamente, porque ¿qué tenía yo ya que temer? Entraron tres señores que muy cortésmente se presentaron como agentes de policía. Un vecino había oído un grito durante la noche que despertó sospechas de algún delito; éstas fueron comunicadas a la oficina de policía y ellos, los agentes, habían sido encargados de registrar el lugar.

Sonreí porque... ¿qué tenía que temer? Les di la bienvenida. El grito, expliqué, lo había dado yo en sueños. El viejo, mencioné de paso, estaba en el campo. Recorrí con mis visitantes toda la casa y les rogué que registraran, que registraran bien. Al fin los conduje a *su* habitación. Les mostré sus tesoros que estaban intactos, sin haber sido tocados. Y en el máximo de mi confianza llevé sillas hasta la habitación y les rogué que descansaran *allí* de las molestias que se habían tomado, mientras yo mismo, en la desmedida audacia de mi completo triunfo, colocaba mi silla sobre el lugar exacto en que descansaba el cadáver de mi víctima.

Los agentes estaban satisfechos. Mi comportamiento les había convencido. Yo me encontraba muy a gusto. Se sentaron y hablaron sobre cosas generales a las que yo contestaba animadamente. Pero no mucho después empecé a sentir que empalidecía y deseé que se fueran. Me dolía la cabeza y sentía un zumbido en los oídos; pero ellos seguían sentados y continuaban charlando. El zumbido se hizo más perceptible, no cesaba y cada vez era más intenso. Yo hablaba mucho para librarme de aquella sensación, pero el zumbido continuaba, cada vez más claro, hasta que al fin descubrí que el ruido no estaba dentro de mis oídos.

Sin duda me puse muy pálido, pero continué hablando aceleradamente, con voz muy alta y, sin embargo, el sonido aumentaba. ¿Qué podía hacer? Era *un sonido rápido, monótono y ahogado como el de un reloj envuelto en algodones.* Respiraba jadeante y los agentes seguían sin oír nada. Hablé más deprisa, con más vehemencia y, a pesar de todo, el ruido aumentaba constantemente. Me levanté y discutí pequeñeces en un tono muy alto y con violentos gestos, pero el ruido seguía creciendo. ¡Oh, Dios! ¿por qué no se irían? Medí a grandes pasos la habitación como si me enfureciera que aquellos hombres me observaran, pero el ruido continuaba aumentando. ¡Oh, Dios! ¿qué podría hacer? Lanzaba espumarajos, desvariaba, juraba. Hice girar la silla en la que estuve sentado y la arrastré por el suelo arañando las tablas. Pero el ruido lo dominaba todo y crecía sin cesar. ¡Se hizo más fuerte... más fuerte... más fuerte! Y sin embargo, los hombres hablaban tranquilamente y sonreían. ¿Sería posible que no oyeran nada? ¡Dios Todopoderoso!... ¡No, no! ¡Oían y sospechaban y sabían! ¡Se estaban burlando de mi terror! Lo pensé entonces y aún ahora lo pienso. ¡Pero cualquier cosa era mejor que aquella agonía! ¡Cualquier cosa era preferible a aquella burla! ¡No pude soportar más sus sonrisas hipócritas! ¡Tenía que gritar o moriría! y de nuevo ¡escuchen! ¡más intenso... más intenso... más intenso!

—«¡Canallas!», grité frenético, «¡no disimulen más! ¡Lo confieso todo! ¡Arranquen las tablas!... ¡ahí, ahí!... ¡ese es el latido de su aborrecible corazón!»

«The Tell-Tale Heart» (1843), trad. María Teresa Díez Taboada para esta antología.

VILLIERS DE L'ISLE-ADAM (1838-1889)

Escritor francés. Su obra —poesía, teatro y narrativa— se orienta, en parte, hacia el simbolismo. Dotado de un vigoroso poder expresivo, comunica a sus obras un estilo torturado, a la vez lírico y violento. Entre su producción se pueden citar: Isis *(1862),* Cuentos crueles *(1883),* La Eva futura *(1886), su mejor novela;* Historias insólitas *(1888) y* Nuevos cuentos crueles *(1888).*

Los cuentos de Villiers son muy desiguales; al lado de algunos absurdos y exagerados, hay otros donde el humor, la ironía o el terror macabro logran situaciones excepcionalmente sugerentes. De su cuento «Vera» *se ha afirmado que es comparable a los mejores de Poe.*

EL TORMENTO DE LA ESPERANZA

Bajo las bóvedas del Tribunal de Zaragoza, en un atardecer de aquel entonces, el venerable Pedro Arbuez de Espila, sexto prior de los dominicos de Segovia y Gran Inquisidor de España, seguido de un fraile redentor (ejecutor de torturas) y precedido de dos familiares del Santo Oficio, que llevaban faroles, descendió a un calabozo perdido en la oscuridad. Chirrió la cerradura de una pesada puerta, entraron en un «in pace» * donde la luz que llegaba desde lo alto de un vano enrejado, dejaba entrever, entre dos anillas empotradas en el muro, un caballete ennegrecido por la sangre, una hornilla y un cántaro. Sobre un lecho de paja, sujeto con grilletes, la argolla de hierro al cuello, estaba sentado un hombre huraño, vestido de harapos, de una edad imprecisa.

No era otro este prisionero que el rabí Aser Abarbanel, judío aragonés que, acusado de usura e inhumano desprecio por los pobres, había sido sometido a tortura, día a día, desde hacía más de un año. Sin embargo, como su «ceguera era más dura que su piel» se había negado a abjurar.

Orgulloso de una filiación más que milenaria, envanecido de sus rancios antepasados, pues todo judío que se precie de serlo es celoso de su sangre, descendía, según el Talmud *, de Otoniel y, por consiguiente, de Ipsiboe, mujer de este último juez de Israel, circunstancia que había sostenido su valor en lo más duro de los ininterrumpidos suplicios.

Fue entonces cuando el venerable Pedro Arbuez de Espila, con los ojos llenos de lágrimas, pensando que esta empedernida alma se cerraba a la salvación, se acercó al tembloroso rabino y le dijo estas palabras:

—«Hijo mío, regocijaos porque vuestros sufrimientos en este mundo van a llegar a su término. Si ante tanta obstinación tuve que permitir, a mi pesar, que usaran de extremada severidad, mi deber de corrección fraterna tiene sus límites. Sois la higuera recalcitrante que hallada tantas veces sin fruto se expone a secarse... pero sólo a Dios corresponde decidir sobre vuestra alma. ¡Quizá la infinita misericordia de Dios brille para vos en el instante supremo! ¡Debemos esperarlo! Existen ejemplos... ¡Así sea! Descansad, pues, tranquilo esta noche. Mañana formaréis parte del "auto de fe"; es decir, seréis expuesto en el quemadero, hoguera precursora de la Llama Eterna. Bien sabéis, hijo mío, que no quema sino al cabo de cierto tiempo y la Muerte tarda en llegar al menos dos horas (frecuentemente tres) debido a los paños mojados y helados con los que procuramos proteger la frente y el corazón de los holocaustos. Seréis solamente cuarenta y tres. Pensad que situado en la última fila, tendréis el tiempo necesario para invocar a Dios y ofrecerle este bautismo de fuego que es el del Espíritu Santo. Así pues esperad en la Luz y dormíos.»

Terminado este discurso, dom Arbuez hizo un signo para que desencadenaran al desgraciado y lo besó con ternura. Después le llegó el turno al fraile redentor que, en voz muy baja, pidió al judío perdón por lo que le había hecho sufrir para redimirle; luego le abrazaron los dos familiares *, cuyo beso fue silenciado por las cogullas *. Acabada la ceremonia, el cautivo quedó solo y desconcertado en medio de las tinieblas.

El rabí Aser Abarbanel, seca la boca y enervado el rostro

por el sufrimiento, se fijó vagamente en la puerta cerrada. «¿Cerrada?» Esta palabra despertó en lo más recóndito de su ser, entre sus pensamientos confusos, una ilusión. Había vislumbrado un instante la débil luz de los faroles por la rendija entre el muro y la puerta. Una leve esperanza nació en su cerebro debilitado, conmocionando todo su ser. Se arrastró hacia la insólita visión y, muy suavemente, deslizando con grandes precauciones un dedo en el resquicio de la puerta, tiró de ella hacia sí. ¡Oh, profundo asombro! Por una casualidad extraordinaria, el familiar que la había cerrado giró la pesada llave antes de que la puerta llegase al tope en el marco de piedra, por lo que, al no entrar el enmohecido pasador en su orificio de engaste, la puerta pudo volver a abrirse.

El rabino se arriesgó a mirar hacia fuera. Gracias a una especie de lívida oscuridad distinguió primeramente un semicírculo de muros terrosos en los que habían tallado unos escalones en espiral y frente a él, en lo alto, tras cinco o seis gradas de piedra, algo semejante a un pórtico negro daba acceso a un espacioso corredor, del cual solamente podían vislumbrarse desde abajo los primeros arcos.

Luego, arrastrándose, llegó a la altura de este umbral. Sí, era verdaderamente un corredor, pero de una longitud desmesurada. Una pálida claridad, un resplandor de ensueño lo iluminaba. Lamparillas colgadas de las bóvedas teñían de azul, a intervalos, el aire enrarecido: el fondo lejano era sólo una sombra. ¡En tan gran espacio, ni una puerta lateral! Por un solo costado, a su izquierda, tragaluces enrejados, en los huecos del muro, dejaban pasar un crepúsculo, que debía de ser el de la tarde por las rayas rojas que, de trecho en trecho, cortaban el enlosado. ¡Y qué pavoroso silencio! Sin embargo, allá abajo, en lo profundo de estas brumas una salida podía ofrecer la libertad. La incierta esperanza del judío era tenaz por ser la última.

Así pues, sin vacilar, se arriesgó sobre el enlosado, bordeando el muro de los tragaluces e intentando confundirse con las sombras tenebrosas de los largos muros. Avanzaba lentamente, arrastrándose sobre el pecho y ahogando los gritos cuando una llaga en carne viva le laceraba.

De pronto, en el eco de esta galería de piedra, oyó un ruido de sandalias que se acercaban. Le sacudió un temblor, le ahogó la ansiedad, se le oscureció la vista. ¡Vamos! ¿Acaso era éste el fin? Se acurrucó en un hueco y esperó medio muerto.

Era un familiar que caminaba deprisa. Pasó rápidamente, con unas tenazas en la mano, echada la cogulla, terrorífico el aspecto, y desapareció. La sobrecogedora impresión que el rabino acababa de padecer le oprimió dejándole como privado de sus funciones vitales, por lo que permaneció durante casi una hora sin poder realizar movimiento alguno. Ante el temor de que aumentaran sus tormentos si volvían a cogerle, le vino la idea de volver a su calabozo. Pero la vieja esperanza le susurraba en el alma ese divino «quizá» que consuela en los momentos más angustiosos. ¡Se había producido un milagro! ¡No cabía duda! Continuó, pues, arrastrándose hacia la posible evasión. ¡Agotado por el dolor y el hambre seguía adelante! ¡Y este corredor sepulcral parecía alargarse misteriosamente! Y él, sin dejar de avanzar, miraba constantemente hacia la sombra, a lo lejos, donde *tenía* que haber una salida hacia la salvación.

¡Oh, oh! He aquí que de nuevo sonaron unos pasos, pero esta vez más lentos e inquietantes. Surgiendo del aire, se le aparecieron las figuras blancas y negras de dos inquisidores, con largos sombreros de bordes redondeados. Hablaban en voz baja y parecían discutir sobre algo importante por la forma en que movían las manos.

Ante esto, el rabí Aser Abarbanel cerró los ojos: el corazón le latía hasta ahogarle, sus harapos se empaparon de un frío sudor de agonía. Permaneció con la boca abierta, inmóvil, echado a lo largo del muro, bajo la luz de una lamparilla; inmóvil, implorando al Dios de David.

Al llegar delante de los inquisidores se pararon bajo el resplandor de la lámpara, indudablemente por casualidad, en medio de su discusión. Uno de ellos, escuchando a su interlocutor, se quedó mirando al rabino. Y bajo esta mirada cuya expresión distraída no logró comprender el desventurado, creyó sentir aún las candentes tenazas mordiendo su lacerada carne. ¡Iba a convertirse de nuevo en un lamento y una llaga! Desfalleciente, sin poder respirar, los ojos parpadeantes, se estremecía bajo el roce de la ropa. Pero, cosa a la vez extraña y natural, los ojos del inquisidor, que eran, sin duda, los de un hombre intensamente preocupado por lo que iba a contestar, absorto en lo que estaba escuchando, se fijaban en el judío y parecían mirarle sin verle. Efectivamente, después de unos minutos, los dos siniestros discutidores, hablando constantemente en voz baja, siguieron su camino, a paso lento, hacia el cruce de donde había salido el cautivo: ¡NO LE HABÍAN VISTO!... De suerte que en medio del terrible desconcierto de sus sensaciones, pasó por su cerebro esta idea: «¿Estaré ya muerto, puesto que no me ven?» Una impresión espantosa le sacó de su letargo: fijándose en el muro, pegado a su rostro, creyó ver muy cerca de los suyos, dos ojos crueles que le observaban... Echó la cabeza hacia atrás con un movimiento agitado y brusco, los cabellos erizados. ¡Pero no! No, su mano, palpando las piedras, descubrió que aquello era el «reflejo» de los ojos del inquisidor que tenía aún impresos en sus pupilas y que él había proyectado sobre dos manchas del muro. ¡Adelante! Era preciso apresurarse hacia esa meta que él, de modo enfermizo sin duda, imaginaba ser la liberación; hacia esas sombras de las que sólo le separaban una treintena de pasos, más o menos. Así pues, reanudó más rápidamente su vía dolorosa, arrastrándose sobre las rodillas, las manos y el vientre.

Poco después, entró en la parte tenebrosa de este pavoroso corredor.

De pronto, el miserable sintió un frío en las manos que apoyaba sobre las losas: procedía de una fuerte corriente de aire que se colaba por debajo de la puerta en que desembocaban los dos muros. ¡Oh, Dios mío! ¡Si esta puerta se abriese al exterior! El triste evadido sintió que una loca esperanza llenaba todo su ser. Examinó la puerta de arriba abajo sin poder distinguirla bien por las tinieblas que le envolvían. Palpó: no había cerrojos ni cerradura. ¡Un picaporte! Se irguió: el picaporte obedeció a sus dedos y la puerta giró, silenciosa, ante él. ¡ALLELUYA! musitó en voz baja, con un hondo suspiro de acción de gracias, el rabino que se hallaba ahora de pie bajo el umbral, contemplando lo que aparecía ante sus ojos. ¡La puerta se había abierto a unos jardines bajo una noche estrellada! ¡A la primavera, a la libertad y a la vida! El jardín daba a un campo cercano, extendiéndose hacia las sierras cuyas onduladas líneas azules se perdían en el horizonte. ¡Allí estaba la salvación! ¡Oh! ¡Huir! Correría toda la noche entre esos bosques de limoneros cuyos perfumes le alcanzaban. ¡Cuando llegase a las montañas estaría a salvo! Respiraba aquel aire bendito; el viento le reanimaba y sus pulmones recobraban vida. Escuchaba en su corazón regocijado el «veni foras» * de Lázaro y para bendecir todavía más a Dios que le concedió esta misericordia, abrió los brazos elevando los ojos al cielo. Fue un éxtasis.

Creyó ver entonces la sombra de sus brazos volviendo sobre él mismo: le pareció sentir que estos brazos de sombra le rodeaban, le enlazaban, que le oprimían tiernamente sobre un pecho. Efectivamente, una alta figura se hallaba junto a la suya. Confiado, dirigió su mirada hacia ella, y se quedó sin aliento, espantado, los ojos aterrados, vacilante, tumefactas las mejillas, babeando de espanto.

¡Horror! ¡Se hallaba en brazos del mismísimo Gran Inquisidor, del venerable Pedro Arbuez de Espila, quien tenía los ojos cuajados de lágrimas y el aire del buen pastor que encuentra a la oveja extraviada...!

El siniestro sacerdote apretaba contra su corazón al desdichado judío, con tal ímpetu de ardiente caridad, que las puntas del cilicio * monacal que el dominico llevaba bajo el hábito, se le hincaron en el pecho. ¡Y entretanto, el rabí Aser Abarbanel, con los ojos en blanco, jadeando angustiosamente entre los brazos del ascético dom Arbuez, comprendía confusamente que cada etapa de la noche funesta no fue más que un previsto tormento de esperanza! El Gran Inquisidor con un tono de dolorido reproche y la mirada desolada, le susurraba al oído con aliento abrasador, viciado por el ayuno:

—«¿Cómo, hijo mío? ¡Queríais dejarnos la víspera, quizá, de vuestra salvación?»

«La torture par l'esperance», en *Nouveaux contes cruels* (1888), trad. de María Agustina Castrillo Canda para esta antología.

Oscar Wilde (1854-1900)

Poeta, novelista, ensayista y dramaturgo irlandés. Fue el prototipo del «dandy», esteta, decadente y refinado, excéntrico, dotado de un gran talento, ingenio y simpatía. En medio del escándalo de la puritana sociedad inglesa, fue condenado, acusado de homosexualidad, a dos años de prisión con trabajos forzados. El último período de su vida vivió pobre, bohemio y abandonado.

O. Wilde está considerado como uno de los grandes literatos de lengua inglesa. En su obra destaca su ingenio excepcionalmente brillante, la elegancia narrativa, la sensibilidad poética y la acertada caracterización psicológica de sus personajes. Entre sus obras se pueden señalar, en teatro: El abanico de Lady Windermere *(1892),* La importancia de llamarse Ernesto *(1895) y* Salomé *(1903); en novela:* El retrato de Dorian Gray *(1898); el libro de cuentos* El príncipe feliz *(1888) y en poesía, la célebre* Balada de la cárcel de Reading *(1898).*

EL GIGANTE EGOÍSTA

Todas las tardes, cuando volvían de la escuela, los niños solían entrar a jugar en el jardín del Gigante.

Era un jardín grande y precioso, con una hierba suave y verde. Por aquí y por allá, aparecían entre la hierba preciosas flores semejantes a estrellas y había doce melocotoneros que, al llegar la primavera, se cubrían de suaves flores rosas y nácar y en el otoño daban sabrosos y abundantes frutos. Los pájaros que se posaban en los árboles cantaban con tanta dulzura que los niños suspendían sus juegos, muchas veces, para escucharlos.

—¡Qué felices somos aquí! —gritaban entre ellos.

Un día el Gigante volvió. Había ido a visitar a su amigo el ogro de Cornualles y estuvo con él duranate siete años. Cuando pasaron los siete años, había dicho ya todo lo que tenía que decir, porque era de pocas palabras y decidió regresar a su propio castillo. Cuando llegó, vio a los niños jugando en el jardín.

—¿Qué estáis haciendo aquí? —gritó con voz muy ronca. Y los niños escaparon a todo correr.

—Mi jardín es mi jardín —dijo el Gigante—; cualquiera puede entenderlo; y nadie más que yo podrá jugar en él.

Así que rodeó el jardín con una tapia muy alta y puso un cartel que decía:

PROHIBIDO EL PASO
Se castigará al que entre.

Era un Gigante muy egoísta.

Los pobres niños no tenían ahora dónde jugar. Intentaron jugar en la carretera, pero la carretera era muy polvorienta y llena de duras piedras, y no les gustó. Solían vagabundear alrededor de las altas tapias, cuando terminaban sus clases, hablando del bonito jardín que había dentro.

—¡Qué felices éramos en él! —se decían.

Después llegó la Primavera y por todo el campo había pequeñas flores y pequeños pajarillos. Sólo en el jardín del Gigante Egoísta seguía siendo invierno. Los pájaros no querían cantar en él porque no había niños y a los árboles se les olvidó florecer. Una vez, una preciosa flor levantó su cabeza por entre la hierba, pero cuando vio el cartel se sintió tan apenada por los niños que se deslizó otra vez sigilosamente dentro de la tierra y se durmió. Los únicos que estaban contentos eran la Nieve y la Escarcha.

—¡La Primavera se ha olvidado de este jardín —dijeron—; así que viviremos aquí todo el año!

La Nieve cubrió la tierra con su gran capa blanca y la Escarcha pintó de plata todos los árboles. Entonces invitaron al Viento Norte para que estuviera con ellos; y vino. Estaba envuelto en pieles y todo el día bramó por el jardín, derribando las chimeneas.

—Este lugar es delicioso —dijo—, debemos pedir al Granizo que nos visite.

Así que llegó el Granizo. Todos los días repiqueteaba sobre el tejado del castillo durante tres horas hasta romper casi todas las pizarras; después corría y corría por el jardín todo lo deprisa que podía. Iba vestido de gris y su aliento era de hielo.

—No consigo entender por qué la Primavera tarda tanto en llegar, decía el Gigante Egoísta cuando se sentaba a la ventana y miraba su jardín frío y blanco; yo espero que el tiempo cambiará.

Pero la Primavera nunca llegó y tampoco el Verano. El Otoño dio frutos dorados a todos los jardines, pero al jardín del Gigante no le dio ninguno.

—Es demasiado egoísta, dijo.

Y por eso allí fue siempre invierno y el Viento Norte, el Granizo, la Escarcha y la Nieve danzaban entre los árboles.

Una mañana el Gigante estaba despierto en la cama, cuando oyó una música deliciosa. Sonaba tan dulce en sus oídos que pensó serían los músicos del Rey, que pasaban. Y lo cierto es que era sólo un pequeño pardillo que cantaba en el exterior de su ventana, pero había pasado tanto tiempo desde que oyera cantar un pájaro en su jardín, que le pareció la música más preciosa del mundo. Y en aquel momento el Granizo dejó de danzar sobre su cabeza y el Viento Norte cesó de bramar y un delicioso perfume llegó hasta él por la abierta ventana.

—Creo que al fin ha llegado la Primavera, dijo el Gigante, y saltando de la cama se puso a mirar hacia fuera.

¿Qué fue lo que vio?

Vio el más maravilloso espectáculo. Por un pequeño agujero de la cerca, los niños habían entrado gateando en el jardín y estaban sentados en las ramas de los árboles. En todos los árboles que veía había un niño. Y los árboles estaban tan contentos de tener de nuevo a los niños con ellos, que se cubrieron de flores y balanceaban sus ramas suavemente sobre sus cabezas. Los pájaros revoloteaban gorjeando con deleite y entre la hierba las flores levantaban sus cabezas y reían. Era una escena encantadora. Sólo en un rincón del jardín era aún invierno. Era el rincón más lejano y en él estaba un niñito. Era tan pequeñín que no podía alcanzar las ramas del árbol y correteaba a su alrededor llorando amargamente. El pobre árbol estaba aún cubierto de escarcha y nieve y el Viento Norte soplaba y bramaba sobre él.

—¡Sube pequeñín!, decía el Árbol e inclinaba sus ramas cuanto podía; pero el niño era demasiado pequeñito.

Y el corazón del Gigante se enterneció al verlo.

—¡Qué egoísta he sido!, dijo; ahora ya sé por qué la Primavera no quería venir aquí. Pondré a ese chiquitín en lo alto del árbol y después derribaré la tapia y los niños tendrán en mi jardín, de ahora para siempre, un lugar para sus juegos. Verdaderamente sentía mucho lo que había hecho.

Así que se deslizó escalera abajo y abriendo con mucho cuidado la puerta, salió al jardín. Pero, en cuanto los niños le vieron, se asustaron tanto que escaparon corriendo y en el jardín volvió de nuevo a ser invierno. Solamente el niñito no había huido porque tenía los ojos tan llenos de lágrimas que no vio venir al Gigante. Y el Gigante se acercó sin ruido por detrás de él y cogiéndolo con mucho cuidado lo subió al árbol. Y al instante el árbol se llenó de flores y los pájaros fueron a cantar en él y el chiquitín alargó sus brazitos y, rodeando con ellos el cuello del Gigante, lo besó. Y cuando los otros niños vieron que el Gigante ya no era malo, volvieron corriendo y con ellos volvió la Primavera.

—Ahora, pequeños, éste es vuestro jardín, dijo el Gigante y cogiendo un gran pico derribó la tapia. Y a las doce, cuando las gentes iban al mercado, encontraron al Gigante jugando con los niños en el más hermoso jardín que jamás habían visto.

Jugaron todo el día y al atardecer fueron junto al Gigante para decirle adiós.

—Pero, ¿dónde está vuestro pequeño compañero?, les dijo; ¿el niño que yo subí al árbol? Era al que más quería el Gigante porque lo había besado.

—No sabemos, contestaron los niños. Se ha ido.

—Debéis decirle que no deje de venir mañana, dijo el Gigante.

Mas los niños dijeron que no sabían dónde vivía y que nunca lo habían visto antes. Y el Gigante se quedó muy triste.

Todas las tardes cuando acababa la escuela, los niños venían y jugaban con el Gigante. Pero al niñito que amaba el Gigante nunca le volvieron a ver. El Gigante era muy bueno con todos los niños, pero echaba de menos a su primer amiguito y hablaba muchas veces de él.

—¡Cómo me gustaría verle!, solía decir.

Pasaron los años y el Gigante se fue volviendo viejo y debilitándose. Ya no podía jugar, así que se sentaba en un gran sillón y observaba los juegos de los niños y admiraba su jardín.

—Tengo muchas flores hermosas, decía, pero los niños son las flores más hermosas de todas.

Una mañana de invierno miró por la ventana mientras se vestía. Ahora ya no odiaba al Invierno porque sabía que era sencillamente que la Primavera dormía y que las flores estaban descansando.

De pronto se frotó los ojos maravillado y miró y miró. Era verdaderamente un espectáculo maravilloso. En el más lejano rincón del jardín había un árbol completamente cubierto de preciosas flores blancas. Sus ramas eran de oro y de ellas colgaban frutos de plata y bajo el árbol estaba el niñito que él tanto había amado.

El Gigante corrió escaleras abajo con gran júbilo y salió al jardín. Cruzó corriendo por la hierba y se acercó al niño. Y cuando estuvo muy cerca, su cara se puso roja de ira y dijo:

—¿Quién ha osado herirte?

Porque las palmas de las manos del niño tenían las señales de dos clavos y señales de dos clavos había también en sus piececitos.

—¿Quién ha osado herirte? —gritó el Gigante—. Dímelo, que cogeré mi gran espada y lo mataré.

—No, contestó el niño, que éstas son heridas de Amor.

—¿Quién sois?, dijo el Gigante, y un extraño temor se apoderó de él y cayó de rodillas ante el niñito.

Y el niño sonrió al Gigante, y le dijo:

—Un día, tú me dejaste jugar en tu jardín, hoy vendrás conmigo a mi jardín que es el Paraíso.

Y aquella tarde, cuando los niños entraron corriendo en el jardín, encontraron al Gigante que yacía muerto bajo el árbol, todo cubierto de blancas flores.

«The Selfish Giant», en *The Happy Prince* (1888), trad. de María Teresa Díez Taboada para esta antología.

W. W. Jacobs (1863-1943)

Inglés, autor de cuentos. Su primer libro de relatos, Many Cargoes, *apareció en 1896 y tuvo un éxito inmediato, como la mayor parte de los veinte volúmenes que siguieron en años sucesivos hasta 1926; entre ellos destacan:* Light Freights *(1901),* The Lady of the Barge *que incluye el clásico relato terrorífico* The Monkey's Paw, *aquí reproducido;* Short Cuises *(1907) y* Night Watches *(1914).*

Jacobs es célebre por sus narraciones de estibadores, marineros y otros personajes de los muelles, y por sus historias macabras. El dominio de la narración es impecable, aunque se le ha criticado la falta de evolución en su obra.

LA PATA DE MONO

La noche era fría y húmeda, pero en la pequeña sala de Laburnum Villa, los postigos estaban cerrados y el fuego ardía vivamente. Padre e hijo jugaban al ajedrez; el primero tenía ideas personales sobre el juego y ponía al rey en tan desesperados e inútiles peligros, que provocaba el comentario de la vieja señora que tejía plácidamente junto a la chimenea.

—Oigan el viento —dijo el señor White; había cometido un error fatal y trataba de que su hijo no lo advirtiera.

—Lo oigo —dijo éste moviendo implacablemente la reina—. Jaque.

—No creo que venga esta noche —dijo el padre con la mano sobre el tablero.

—Mate —contestó el hijo.

—Esto es lo malo de vivir tan lejos —vociferó el señor White con imprevista y repentina violencia—. De todos los barriales, este es el peor. El camino es un pantano. No sé en qué piensa la gente. Como hay sólo dos casas alquiladas, no les importa.

—No te aflijas, querido —dijo suavemente su mujer—, ganarás la próxima vez.

El señor White alzó la vista y sorprendió una mirada de complicidad entre madre e hijo. Las palabras murieron en sus labios y disimuló un gesto de fastidio.

—Ahí viene —dijo Herbert White al oír el golpe del portón y unos pasos que se acercaban. Su padre se levantó con apresurada hospitalidad y abrió la puerta; lo oyeron condolerse con el recién venido.

Luego, entraron. El forastero era un hombre fornido, con los ojos salientes y la cara rojiza.

—El sargento mayor Morris —dijo el señor White, presentándolo. El sargento les dio la mano, aceptó la silla que le ofrecieron y observó con satisfacción que el dueño de casa traía whisky y unos vasos y ponía una pequeña pava de cobre sobre el fuego.

Al tercer vaso, le brillaron los ojos y empezó a hablar. La familia miraba con interés a ese forastero que hablaba de guerras, de epidemias y de pueblos extraños.

—Hace veintiún años —dijo el señor White sonriendo a su mujer y a su hijo—. Cuando se fue era apenas un muchacho. Mírenlo ahora.

—No parece haberle sentado tan mal —dijo la señora White amablemente.

—Me gustaría ir a la India —dijo el señor White—. Sólo para dar un vistazo.

—Mejor quedarse aquí —replicó el sargento moviendo la cabeza. Dejó el vaso y, suspirando levemente, volvió a sacudir la cabeza.

—Me gustaría ver esos viejos templos y faquires y malabaristas —dijo el señor White—. ¿Qué fue, Morris, lo que usted empezó a contarme los otros días, de una pata de mono o algo por el estilo?

—Nada —contestó el soldado, apresuradamente—. Nada que valga la pena oír.

—¿Una pata de mono? —preguntó la señora White.

—Bueno, es lo que se llama magia, tal vez —dijo con desgano el sargento.

Sus tres interlocutores lo miraron con avidez. Distraídamente, el forastero llevó la copa vacía a los labios; volvió a dejarla. El dueño de casa la llenó.

—A primera vista, es una patita momificada que no tiene nada de particular —dijo el sargento mostrando algo que sacó del bolsillo.

La señora retrocedió, con una mueca. El hijo tomó la pata de mono y la examinó atentamente.

—¿Y qué tiene de extraordinario? —preguntó el señor White quitándosela a su hijo, para mirarla.

—Un viejo faquir le dio poder mágico —dijo el sargento mayor—. Un hombre muy santo... Quería demostrar que el destino gobierna la vida de los hombres y que nadie puede oponérsele impunemente. Le dio este poder: Tres hombres pueden pedirle tres deseos.

Habló tan seriamente que los otros sintieron que sus risas desentonaban.

—Y usted, ¿por qué no pide las tres cosas? —preguntó Herbert White.

El sargento lo miró con tolerancia.

—Las he pedido —dijo, y su rostro curtido palideció.

—¿Realmente se cumplieron los tres deseos? —preguntó la señora White.

—Se cumplieron —dijo el sargento.

—¿Y nadie más pidió? —insistió la señora.

—Sí, un hombre. No sé cuáles fueron las dos primeras cosas que pidió; la tercera, fue la muerte. Por eso entré en posesión de la pata de mono.

Habló con tanta gravedad que produjo silencio.

—Morris, si obtuvo sus tres deseos, ya no le sirve el talismán —dijo, finalmente, el señor White—. ¿Para qué lo guarda?

El sargento sacudió la cabeza:

—Probablemente he tenido, alguna vez, la idea de venderlo; pero creo que no lo haré. Ya ha causado bastantes desgracias. Además, la gente no quiere comprarlo. Algunos sospechan que es un cuento de hadas; otros quieren probarlo primero y pagarme después.

—Y si a usted le concedieran tres deseos más —dijo el señor White—, ¿los pediría?

—No sé —contestó el otro—. No sé.

Tomó la pata de mono, la agitó entre el pulgar y el índice y la tiró al fuego. White la recogió.

—Mejor que se queme —dijo con solemnidad el sargento.

—Si usted no la quiere, Morris, démela.

—No quiero —respondió terminantemente—. La tiré al fuego; si la guarda, no me eche las culpas de lo que pueda suceder. Sea razonable, tírela.

El otro sacudió la cabeza y examinó su nueva adquisición. Preguntó:

—¿Cómo se hace?

—Hay que tenerla en la mano derecha y pedir los deseos en voz alta. Pero le prevengo que debe temer las consecuencias.

—Parece de las *Mil y una noches* —dijo la señora White. Se levantó a preparar la mesa—. ¿No le parece que podrían pedir para mí otro par de manos?

El señor White sacó del bolsillo el talismán; los tres se rieron al ver la expresión de alarma del sargento.

—Si está resuelto a pedir algo —dijo agarrando el brazo de White—, pida algo razonable.

El señor White guardó en el bolsillo la pata de mono. Invitó a Morris a sentarse a la mesa. Durante la comida el talismán fue, en cierto modo, olvidado. Atraídos, escucharon nuevos relatos de la vida del sargento en la India.

—Si en el cuento de la pata de mono hay tanta verdad como en los otros —dijo Herbert cuando el forastero cerró la puerta y se alejó con prisa, para alcanzar el último tren—, no conseguiremos gran cosa.

—¿Le diste algo? —preguntó la señora mirando atentamente a su marido.

—Una bagatela —contestó el señor White, ruborizándose levemente—. No quería aceptarlo, pero lo obligué. Insistió en que tirara el talismán.

—Sin duda —dijo Herbert, con fingido horror—, seremos felices, ricos y famosos. Para empezar tienes que pedir un imperio, así no estarás dominado por tu mujer.

El señor White sacó del bolsillo el talismán y lo examinó perplejamente.

—No se me ocurre nada para pedirle —dijo con lentitud—. Me parece que tengo todo lo que deseo.

—Si pagaras la hipoteca de la casa serías feliz, ¿no es cierto?

—dijo Herbet poniéndole la mano sobre el hombro—. Bastará con que pidas doscientas libras.

El padre sonrió avergonzado de su propia credulidad y levantó el talismán; Herbert puso una cara solemne, hizo un guiño a su madre y tocó en el piano unos acordes graves.

—Quiero-doscientas-libras —pronunció el señor White.

Un gran estrépito del piano contestó a sus palabras. El señor White dio un grito. Su mujer y su hijo corrieron hacia él.

—Se movió —dijo mirando con desagrado el objeto y lo dejó caer—. Se retorció en mi mano, como una víbora.

—Pero yo no veo el dinero —observó el hijo, recogiendo el talismán y poniéndolo sobre la mesa—. Apostaría que nunca lo veré.

—Habrá sido tu imaginación, querido —dijo la mujer mirándolo ansiosamente.

Sacudió la cabeza.

—No importa. No ha sido nada. Pero me dio un susto.

Se sentaron junto al fuego y los dos hombres acabaron de fumar sus pipas. El viento era más fuerte que nunca. El señor White se sobresaltó cuando se golpeó una puerta en los pisos altos. Un silencio inusitado y deprimente los envolvió hasta que se levantaron para ir a acostarse.

—Se me ocurre que encontrarás el dinero en una gran bolsa, en medio de la cama —dijo Herbert al darles las buenas noches—. Una aparición horrible, agazapada encima del ropero, te acechará cuando estés guardando tus bienes ilegítimos.

Ya solo, el señor White se sentó en la oscuridad, y miró las brasas, y vio caras en ellas. La última era tan simiesca, tan horrible, que la miró con asombro: se rió, molesto, y buscó en la mesa su vaso de agua para echárselo encima y apagar la brasa; sin querer, tocó la pata de mono; se estremeció, limpió la mano en el abrigo y subió a su cuarto.

II

A la mañana siguiente, mientras tomaba el desayuno en la claridad del sol invernal, se rió de sus temores. En el cuarto había un ambiente de prosaica salud que faltaba la noche anterior; y esa pata de mono, arrugada y sucia, tirada sobre el aparador, no parecía terrible.

—Todos los viejos militares son iguales —dijo la señora White—. ¡Qué idea, la nuestra, escuchar esas tonterías! ¿Cómo puede creerse en talismanes, en esta época? Y si consiguieras las doscientas libras, ¿qué mal podrían hacerte?

—Pueden caer de arriba y lastimarle la cabeza —dijo Herbert.

—Según Morris, las cosas ocurrían con tanta naturalidad que parecían coincidencias —dijo el padre.

—Bueno, no vayas a encontrarte con el dinero antes de mi vuelta —dijo Herbert levantándose de la mesa—. No sea que te conviertas en un avaro y tengamos que repudiarte.

La madre se rió, lo acompañó hasta afuera y lo vio alejarse por el camino; de vuelta a la mesa del comedor, se burló de la credulidad del marido. Sin embargo, cuando el cartero llamó a la puerta, corrió a abrirla y cuando vio que sólo traía la cuenta del sastre, se refirió con cierto malhumor a los militares de costumbres intemperantes.

—Me parece que Herbert tendrá tema para sus bromas —dijo al sentarse.

—Sin duda —dijo el señor White—. Pero, a pesar de todo, la pata se movió en mi mano. Puedo jurarlo.

—Habrá sido en tu imaginación —dijo la señora suavemente.

—Afirmo que se movió. Yo no estaba sugestionado. Era... ¿Qué sucede?

Su mujer no le contestó. Observaba los misteriosos movimientos de un hombre que rondaba la casa y no se decidía a entrar. Notó que el hombre estaba bien vestido y que tenía una galera * nueva y reluciente; pensó en las doscientas libras. El hombre se detuvo tres veces en el portón; por fin se decidió a llamar. Apresuradamente, la señora White se quitó el delantal y lo escondió debajo del almohadón de la silla.

Hizo pasar al desconocido. Éste parecía incómodo. La miraba furtivamente, mientras ella le pedía disculpas por el desorden que había en el cuarto y por el guardapolvo del marido. La señora esperó cortésmente que les dijera el motivo de la visita; el desconocido estuvo un rato en silencio.

—Vengo de parte de *Maw & Meggins* —dijo por fin.

La señora White tuvo un sobresalto.

—¿Qué pasa? ¿Qué pasa? ¿Le ha sucedido algo a Herbert?

Su marido se interpuso.

—Espera, querida. No te adelantes a los acontecimientos. Supongo que usted no trae malas noticias, señor. —Y lo miró patéticamente.

—Lo siento... —empezó el otro.

—¿Está herido? —preguntó, enloquecida, la madre. El hombre asintió.

—Malherido —dijo pausadamente—. Pero no sufre.

—Gracias a Dios —dijo la señora White, juntando las manos—. Gracias a Dios.

Bruscamente comprendió el sentido siniestro que había en la seguridad que le daban y vio la confirmación de sus temores, en la cara significativa del hombre. Retuvo la respiración, miró a su marido que parecía tardar en comprender, y le tomó la mano temblorosamente. Hubo un largo silencio.

—Lo agarraron las máquinas —dijo en voz baja el visitante.

—Lo agarraron las máquinas —repitió el señor White, aturdido.

Se sentó, mirando fijamente por la ventana; tomó la mano de su mujer, la apretó en la suya, como en sus tiempos de enamorados.

—Era el único que nos quedaba —le dijo al visitante—. Es duro.

El otro se levantó y se acercó a la ventana.

—La compañía me ha encargado que le exprese sus condolencias por esta gran pérdida —dijo sin darse vuelta—. Le ruego que comprenda que soy tan sólo un empleado y que obedezco las órdenes que me dieron.

No hubo respuesta. La cara de la señora White estaba lívida.

—Se me ha comisionado para declararles que Maw & Meggins niegan toda responsabilidad en el accidente —prosiguió el otro—. Pero en consideración a los servicios prestados por su hijo, le remiten una suma determinada.

El señor White soltó la mano de su mujer y, levantándose, miró con terror al visitante. Sus labios secos pronunciaron la palabra: ¿cuánto?

—Doscientas libras —fue la respuesta.

Sin oír el grito de su mujer, el señor White sonrió levemente, extendió los brazos, como un ciego, y se desplomó, desmayado.

III

En el cementerio nuevo, a unas dos millas de distancia, marido y mujer dieron sepultura a su muerto y volvieron a la casa transidos de sombra y de silencio.

Todo pasó tan pronto que al principio casi no lo entendieron y quedaron esperando alguna otra cosa que les aliviara el dolor. Pero los días pasaron y la expectativa se transformó en resignación, esa desesperada resignación de los viejos, que algunos llaman apatía. Pocas veces hablaban, porque no tenían nada que decirse; sus días eran interminables hasta el cansancio.

Una semana después, el señor White, despertándose bruscamente en la noche, estiró la mano y se encontró solo. El cuarto estaba a oscuras; oyó, cerca de la ventana, un llanto contenido. Se incorporó en la cama para escuchar.

—Vuelve a acostarte —dijo tiernamente—. Vas a coger frío.

—Mi hijo tiene más frío —dijo la señora White y volvió a llorar.

Los sollozos se desvanecieron en los oídos del señor White. La cama estaba tibia, y sus ojos pesados de sueño. Un despavorido grito de su mujer lo despertó.

—La pata de mono —gritaba desatinadamente—, la pata de mono.

El señor White se incorporó alarmado.

—¿Dónde? ¿Dónde está? ¿Qué sucede?

Ella se acercó:

—La quiero. ¿No la has destruido?

—Está en la sala, sobre la repisa —contestó asombrado—. ¿Por qué la quieres?

Llorando y riendo se inclinó para besarlo, y le dijo histéricamente:

—Sólo ahora he pensado... ¿Por qué no he pensado antes? ¿Por qué tú no pensaste?

—¿Pensaste en qué? —preguntó.

—En los otros dos deseos —respondió en seguida—. Sólo hemos pedido uno.

—¿No fue bastante?

—No —gritó ella triunfalmente—. Le pediremos otro más. Búscala pronto y pide que nuestro hijo vuelva a la vida.

El hombre se sentó en la cama, temblando.

—Dios mío, estás loca.

—Búscala pronto y pide —le balbuceó—; ¡mi hijo, mi hijo!.

El hombre encendió la vela:

—Vuelve a acostarte. No sabes lo que estás diciendo.

—Nuestro primer deseo se cumplió. ¿Por qué no hemos de pedir el segundo?

—Fue una coincidencia.

—Búscala y desea —gritó con exaltación la mujer.

El marido se dio vuelta y la miró:

—Hace diez días que está muerto y además —no quiero decirte otra cosa— lo reconocí por el traje. Si ya entonces era demasiado horrible para que lo vieras...

—Tráemelo —gritó la mujer arrastrándolo hacia la puerta—. ¿Crees que temo al niño que he criado?

El señor White bajó en la oscuridad, entró en la sala y se acercó a la repisa. El talismán estaba en su lugar. Tuvo miedo que el deseo todavía no formulado trajera a su hijo hecho pedazos, antes que él pudiera escaparse del cuarto. Perdió la orientación. No encontraba la puerta. Tanteó alrededor de la mesa y a lo largo de la pared y de pronto se encontró en el zaguán, con el maligno objeto en la mano.

Cuando entró en el dormitorio, hasta la cara de su mujer le pareció cambiada. Estaba ansiosa y blanca y tenía algo sobrenatural. Le tuvo miedo.

—Pídelo —gritó con violencia.

—Es absurdo y perverso —balbuceó.

—Pídelo —repitió la mujer.

El hombre levantó la mano:

—Deseo que mi hijo viva de nuevo.

El talismán cayó al suelo. El señor White siguió mirándolo con terror. Luego, temblando, se dejó caer en una silla mientras la mujer se acercó a la ventana y levantó la cortina. El hombre no se movió de ahí, hasta que el frío del alba lo traspasó. A veces miraba a su mujer, que estaba en la ventana. La vela se había consumido; hasta apagarse, proyectaba en las paredes y el techo sombras vacilantes.

Con un inexplicable alivio ante el fracaso del talismán, el hombre volvió a la cama; un minuto después, la mujer, apática y silenciosa, se acostó a su lado.

No hablaron; escuchaban el latido del reloj. Crujió un escalón. La oscuridad era opresiva; el señor White juntó coraje, encendió un fósforo y bajó a buscar una vela.

Al pie de la escalera el fósforo se apagó. El señor White se detuvo para encender otro; simultáneamente, resonó un golpe furtivo, casi imperceptible, en la puerta de entrada.

Los fósforos cayeron. Permaneció inmóvil, sin respirar, hasta que se repitió el golpe. Huyó a su cuarto y cerró la puerta. Se oyó un tercer golpe.

—¿Qué es eso? —gritó la mujer.

—Una laucha * —dijo el hombre—. Una laucha. Se me cruzó en la escalera.

La mujer se incorporó. Un fuerte golpe retumbó en toda la casa.

—¡Es Herbert! ¡Es Herbert! —La señora White corrió hacia la puerta, pero su marido la alcanzó.

—¿Qué vas a hacer? —le dijo ahogadamente.

—¡Es mi hijo; es Herbert! —gritó la mujer, luchando para que la soltaran—. Me había olvidado que el cementerio está a dos millas. Suéltame; tengo que abrir la puerta.

—Por amor de Dios, no lo dejes entrar —dijo el hombre, temblando.

—¿Tienes miedo de tu propio hijo? —gritó—. Suéltame. Ya voy, Herbert; ya voy.

Hubo dos golpes más. La mujer se libró y huyó del cuarto. El hombre la siguió y la llamó, mientras bajaba la escalera. Oyó el ruido de la tranca de abajo; oyó el cerrojo; y luego, la voz de la mujer, anhelante:

—La tranca —dijo—. No puedo alcanzarla.

Pero el marido, arrodillado, tanteaba el piso, en busca de la pata de mono.

—Si pudiera encontrarla antes de que *eso* entrara... —Los golpes volvieron a resonar en toda la casa. El señor White oyó que su mujer acercaba una silla; oyó el ruido de la tranca al abrirse; en el mismo instante encontró la pata de mono y, frenéticamente, balbuceó el tercer y último deseo.

Los golpes cesaron de pronto; aunque los ecos resonaban aún en la casa. Oyó retirar la silla y abrir la puerta. Un viento helado entró por la escalera; y un largo y desconsolado alarido de su mujer le dio valor para correr hacia ella y luego hasta el portón. El camino estaba desierto y tranquilo.

«The Monkey's Paw», en *The Lady of the Barge* (1902). *Antología de la Literatura Fantástica,* ed. J. L. Borges, S. Ocampo y A. Bioy Casares, Barcelona, Edhasa-Sudamericana, 1977, pp. 208-218.

Jack London (1876-1916)

Novelista y cuentista norteamericano. Se ha escrito de él que «la novela más grande que escribió fue la historia de su vida». Vagabundo, aventurero —buscador de oro en Alaska, cazador de focas en el Artico, navegante por los mares del Sur—, pendenciero, bebedor, millonario dilapidador. Su formación intelectual fue autodidacta: voraz lector de libros de aventuras —Kipling, Stevenson, Poe—, de filosofía y economía —Nietzsche, Marx, Spencer, Darwin—. Idealista político y, siempre, conflictivo humana e ideológicamente. Después de una vida tan intensa y vertiginosa, agotado moral y físicamente murió por una sobredosis de drogas que utilizaba contra el dolor y el insomnio.

Sus principales novelas son: La llamada de la selva *(1903),*

El lobo de mar *(1904),* Colmillo blanco *(1906) y* Martín Eden *(1909), en gran parte autobiográfica. Además de estas novelas, lo mejor de su obra son los numerosos cuentos, principalmente de aventuras. El estilo de London, a veces con acertados toques poéticos, es muy efectivo. Sabe, como buen narrador, dosificar, mantener la atención y resolver con acierto. Según escribe F. Cabezas Coca: «Acción y peligro son rasgos característicos de esos relatos, y en los momentos críticos, su autor tiene la facultad de hacernos oír, ver y sentir lo que el personaje oye, ve y siente, con una nitidez admirable.»*

LEY DE VIDA

El viejo Koskoosh escuchaba atentamente. Aunque había perdido la vista, su oído continuaba muy agudo y el más ligero sonido alcanzaba en seguida la inteligencia, oculta tras su marchita cabeza, que ya no se preocupaba por las cosas de este mundo. Se trataba de Sit-cum-to-ha, que insultaba a los perros mientras les unía el arnés. Sit-cum-to-ha era la hija de su hija, pero estaba demasiado ocupada para pensar en el inválido abuelo, sentado solo en la nieve, olvidado e indefenso. Tenían que levantar el campamento. Les esperaba un largo camino, mientras que el breve día no iba a mantenerse durante mucho tiempo. Era la vida la que la llamaba, junto con los deberes de la vida, y no la muerte. Y el viejo estaba muy próximo a la muerte.

Al pensarlo, al anciano le invadió un ligero pánico, extendiendo una temblorosa mano, que palpó la seca leña apilada a su lado. Tras comprobar que seguía allí, la mano volvió a refugiarse en su traje de pieles y continuó escuchando. Un sordo crujido le indicó que habían desmontado la tienda del jefe y que la estaban cargando en los trineos. El jefe era su hijo, alto y fuerte, primera autoridad de la tribu y un gran cazador. Mientras las mujeres recogían el equipaje, resonó su voz, censurándolas por su lentitud. El viejo aguzó el oído. Era la última vez que la oía. Ya habían desmontado la tienda de Gee-how. Y ahora la de Tusken. Siete, ocho, nueve; sólo debía quedar la del *shaman* *. Le oyó gruñir, mientras la ponían en otro trineo. Un niño rompió a llorar y una mujer quiso calmarle, con suaves y acariciadores sonidos guturales. El pequeño Joo-tee, se dijo el anciano, un niño irritable y no muy fuerte. Quizá muriese pronto y entonces abrirían con fuego un agujero en la tundra helada, colocándole encima muchas piedras para que no le devorasen los lobos. ¿Y qué importaba? Unos cuantos años más y, en el mejor de los casos, lo mismo daba tener el vientre vacío que lleno. Al final, esperaba la muerte, hambrienta, siempre hambrienta.

¿Qué era aquello? Los hombres ataban los trineos e iban asegurándose de la firmeza de los nudos. El viejo escuchaba, seguro de que no iba a oírlo nunca más. Los látigos restallaron entre los perros. ¡Cómo gemían! ¡Cómo odiaban su trabajo y el continuo viajar! ¡Ya habían partido! Un trineo tras otro, fueron arrancando hacia el silencio. Se habían ido. Salieron todos del ámbito de su vida y el anciano se dispuso a enfrentarse, a solas, con su última hora. La nieve crujió bajo unos mocasines. A su lado, había un hombre. Una mano se apoyaba amorosamente sobre su cabeza. Esto demostraba lo bondadoso que era su hijo. Recordaba a otros ancianos, cuyos hijos no habían esperado cuando se fue la tribu. Pero el suyo lo había hecho. Se remontó al pasado, hasta que la voz del joven le devolvió al presente.

—¿Todo bien?

El viejo respondió:

—Todo bien.

—A tu lado tienes leña —continuó el joven —y la hoguera está encendida. La mañana es gris y ha comenzado el frío. Pronto nevará. Ya caen algunos copos.

—Sí, caen algunos copos.

—Los hombres de la tribu van de prisa. Su equipaje es pesado y tienen los vientres planos por falta de comida. El viaje es largo y marchan de prisa. ¿Todo bien?

—Todo bien. Soy como una hoja del año pasado que aún se aferra a la rama. Al primer soplo de aire, me desprenderé. Mi voz parece la de una vieja. Los ojos ya no me muestran el camino de mis pies, las piernas son torpes y estoy cansado. Todo bien.

Abatió la cabeza satisfecho, hasta que se apagó el último rumor de nieve pisoteada y supo que su hijo se encontraba más allá del sonido de su voz. Entonces extendió la mano, con angustia, hacia la leña. Era lo único que se interponía entre él y la eternidad que le rodeaba. La duración de su vida podía medirse por un puñado de ramas. Una tras otra, irían alimentando la hoguera y, de este modo, paso a paso, la muerte acabaría por asaltarle. Cuando la última astilla se hubiera consumido, la helada iba a adquirir mayor fuerza. Primero, las manos; luego, los pies. La insensibilidad se le extendería lentamente, por todas las extremidades del cuerpo. Abatiría la cabeza sobre las rodillas para descansar. Iba a ser sencillo. Todos los hombres deben morir.

No se lamentaba. Así era la vida y, además, era justo. Nació pegado a la tierra y pegado a ella había vivido, por lo que aquella ley no le resultaba una novedad. Era la ley de la carne. No se preocupaba de esa cosa concreta a la que llaman individuo. Su único interés lo constituían las especies, la raza.

Esa era la sola abstracción que cabía en la mente bárbara de Koskoosh, pero se aferraba a ella con firmeza. La veía destacarse en todos los detalles de la vida. El nacer de la savia, el florecer del brezo, la caída de la hoja, todo contaba la misma historia.

Sólo una tarea le encomendaba la naturaleza al individuo. De no cumplirla, moría. Si la cumplía, moría igualmente. A la naturaleza no le importaba. Había muchos que se mostraban obedientes y era, tan sólo, la obediencia en esa materia, aunque no quienes la obedeciesen, lo que vivía para siempre. La tribu de Koskoosh era muy antigua. Los viejos, a quienes conoció de niño, habían conocido, a su vez, a otros ancianos. Por tanto, era cierto que la tribu vivía, que lograba mantenerse a través de la obediencia de todos sus miembros, desde un remoto pasado, cuyos lugares de origen nadie sabía.

No contaban; constituían simples episodios. Habían pasado, igual que las nubes de verano. También él era un episodio e, igualmente, iba a pasar.

A la naturaleza no le importaba. A la vida, sólo le encomendaba una tarea. Sólo le prescribía una ley.

La tarea de la vida era perpetuarse; su ley, la muerte. Una doncella resultaba algo agradable a la vista, fuerte y de robustos senos, con la primavera en su caminar y una luz en los ojos. Pero la tarea estaba por hacer. Se volvía más brillante la luz de sus ojos y su paso más vivo, mostrándose unas veces descarada con los hombres y, otras, tímida, como para transmitirles su propia inquietud. Resultaba más y más agradable a la vista, hasta que algún cazador, incapaz de contenerse por más tiempo, se la llevaba a su tienda, para que le cocinase y fuera la madre de sus hijos.

Y, cuando éstos llegaban, perdía todo atractivo.

Sus miembros se marchitaban, debilitándose, sus ojos perdían el brillo y sólo los niños muy pequeños encontraban placer en la arrugada mejilla de una anciana *squaw* *, junto al fuego. Había cumplido su tarea. Pero pronto, al presentarse la primera amenaza de hambre o la primera larga emigración, la abandonarían, tal como a él acababan de abandonarle, solo en la nieve, con una pequeña reserva de leña. Tal era la ley.

Colocó una rama en el fuego y reanudó sus meditaciones. Lo mismo ocurría con todas las cosas. Los mosquitos desaparecían con la primera helada. Las ardillas huían para morir. Cuando la edad se abate sobre el conejo, se hace lento y pesado, de manera que no puede escapar a sus enemigos. Incluso los ojos se volvían ciegos y pendencieros, de modo que los jóvenes acababan por matarles.

Koskoosh recordaba haber abandonado a su padre en un lugar del Klondike *, el invierno antes de que el misionero llegase con sus libros que hablaban y su caja de medicinas.

Con frecuencia, Koskoosh se había relamido los labios al recordar aquella caja, aunque ya no se le humedeciese la boca. El «mata dolores» era especialmente agradable. Pero el misionero resultó una carga para el campamento, pues no traía comida y, en cambio, lo devoraba todo, de manera que los cazadores se quejaban. Acabó con los pulmones helados, junto al Mayo *, y, luego, los perros escarbaron en su tumba, peleándose por sus huesos.

Koskoosh colocó una nueva rama en el fuego, sumergiéndose aún más en el pasado. Hubo aquella temporada de hambre, cuando los viejos se agrupaban en torno al fuego, con los estómagos vacíos, relatando tradiciones de otros tiempos, en que el Yukon * corrió libremente durante tres inviernos y, en cambio, quedó helado durante tres veranos. Entonces, acababa de perder a su madre. En todo el verano no pudieron pescar salmón y la tribu esperaba el invierno, que traería el caribú.

Y vino el invierno, pero no el caribú. Nunca había ocurrido nada semejante, según recordaban los más viejos. Pero el caribú no vino y corría ya el séptimo año. Los conejos no se habían reproducido y los perros no eran más que sacos de huesos.

A lo largo de la interminable oscuridad invernal, los niños lloraban y morían y, también, las mujeres y los ancianos. Ni uno entre diez miembros de la tribu vivió para ver el sol, al reaparecer éste en primavera. Fue mucha el hambre que pasaron.

Pero Koskoosh también había conocido tiempos de abundancia, en que la carne se pudría, por no saber qué hacer con ella y los perros estaban gordos e inútiles de tanto comer, épocas en las que dejaban marcharse la caza, sin matarla, las *squaws* eran fértiles y en las tiendas se apretujaban hombres, mujeres y niños.

Fue entonces cuando los guerreros, con los estómagos llenos, desenterraron viejas querellas y se dirigieron al sur para matar a los pellys, y al oeste, para sentarse junto a las apagadas hogueras de los tatanas.

Recordaba que, siendo niño, durante una de estas épocas de abundancia, vio cómo los lobos mataban un reno. Le acompañaba Zing-ha, que, luego, fue el más hábil de los cazadores y que acabó cayéndose por un agujero del hielo que cubría el Yukon. No le encontraron hasta un mes más tarde, pegado a la sólida corteza, como si fuese a escapar de la trampa.

Pero, volviendo al reno... Aquel día había salido con Zing-ha a jugar a que cazaban, tal como veían hacerlo a sus padres.

En la orilla de un río, descubrieron el rastro fresco de un reno, junto con el de muchos lobos.

—Es viejo —comentó Zing-ha, que era muy hábil en leer las huellas—. Es viejo y no puede seguir a la manada. Los lobos le han aislado de sus compañeros y no le abandonarán.

Y así fue. Era el sistema de los lobos. Día y noche, sin descansar nunca, aullando a sus talones y saltándole a la nariz, le acosarían hasta matarle. ¡Cómo se les encendió la sangre a él y a Zing-ha! ¡El final iba a ser todo un espectáculo!

De prisa, siguieron el rastro del reno, tan claro, que incluso el propio Koskoosh, mal rastreador y corto de vista, hubiese podido hacerlo. Se le fueron acercando, leyendo la tragedia que se escribía a cada paso.

Llegaron al lugar en el que el reno había intentado defenderse. La nieve aparecía pisoteada y revuelta en varias direcciones, por tres veces el tamaño de un hombre. En el centro, se veían las profundas huellas del reno y, en torno a ellas, por todas partes, las más ligeras de los lobos. Algunos, mientras sus hermanos azuzaban a la víctima, se habían tendido a descansar.

La huella de sus cuerpos estaba tan clara como si hubiese ocurrido minutos antes. Uno de los lobos resultó alcanzado por el ataque de su angustiada víctima, que le pisoteó hasta matarle. Unos cuantos huesos, muy limpios, así lo atestiguaban.

Volvieron a detener sus raquetas cuando llegaron al lugar de un nuevo encuentro. Allí, el gran animal había luchado desesperadamente. Por dos veces, consiguieron derribarle, como se leía en la nieve y, por dos veces, se había librado de sus asaltantes, poniéndose nuevamente en pie. Aunque el reno cumplió la tarea encomendada por la naturaleza hasta el final, la vida, pese a todo, seguía siéndole muy cara. Zing-ha comentó que resultaba muy extraño que un reno, una vez derribado, lograse volverse a levantar. Pero, sin embargo, lo había conseguido. Cuando se lo contaron, el *shaman* vería signos de grandes maravillas.

Por último, llegaron a otro lugar donde el reno intentó vencer una colina, para internarse en el bosque. Entonces, sus enemigos le habían saltado a la espalda, hasta que cayó atrás, aplastando a dos de ellos. Resultaba muy claro que muy pronto le iban a matar, pues los lobos habían ignorado aquellas víctimas. Se habían desarrollado otros dos encuentros, de muy escasa duración y muy próximos entre sí.

El rastro se veía marcado de rojo y las largas zancadas de la bestia se hacían cortas y torpes. Entonces, oyeron los primeros rumores de la lucha; no era el profundo coro de la caza sino un breve y seco ladrido, que hablaba de una refriega cuerpo a cuerpo y de dientes que se hundían en la carne.

Contra el viento y arrastrándose por la nieve, avanzó Zing-ha, seguido por Koskoosh, quien, con los años, llegaría a ser jefe de su tribu. Juntos apartaron las ramas bajas de un joven árbol para mirar. Sólo vieron el final.

La imagen, como todas las impresiones de la infancia, se mantenía viva en su mente y sus apagados ojos volvieron a ver aquel final, como en los días lejanos. A Koskoosh le sorprendió esto ya que, en el tiempo que siguiera, mientras fue cacique de sus hermanos y jefe del consejo, había realizado grandes proezas y su nombre llegó a ser una maldición en labios de los pellys, sin hablar de aquel extraño hombre blanco al que matara en un duelo a cuchillo.

Durante mucho tiempo, estuvo pensando en los días de su juventud, hasta que fue muriendo el fuego y el frío le mordió con más fuerza. Lo reanimó, esta vez, con dos troncos, midiendo la duración de su vida por la leña que le quedaba.

Si Sit-cum-to-ha hubiese pensado en su abuelo y reunido mayor cantidad, sus últimas horas serían más largas. No le habría costado mucho. Pero era una muchacha muy descuidada, que ya no honraba a sus mayores, desde el momento en que El Castor, hijo del hijo de Zing-ha, se había fijado en ella. Sin embargo, ¿qué importaba? ¿Es que acaso él no había hecho lo mismo en su breve juventud?

Por un instante, escuchó en silencio. Tal vez el corazón de su hijo se ablandase y volviera en busca de su anciano padre, para llevárselo en el trineo hacia el lugar en que abundaban los caribús y disponían de mucha caza.

Aguzó el oído, calmándosele el inquieto cerebro. Ni un sonido, nada. Unicamente él respiraba en medio del gran silencio. Se sentía muy solo. ¿Qué era aquello?

Se estremeció de improviso. El tan conocido aullido rompió la quietud muy cerca. Entonces, en sus ojos ciegos, se proyectó la visión del reno, de un viejo reno, de flancos desgarrados, de la sangre, de su revuelta cresta y de los grandes cuernos, derribados, que se agitaban hasta el final.

Imaginó las escurridizas figuras grises, las brillantes pupilas, las lenguas colgantes, las fauces entreabiertas. Y, también, cómo se iba cerrando el inexorable círculo, hasta no ser más que un punto en la blanca inmensidad.

Un morro frío le rozo la mejilla y, a ese contacto, el alma del viejo volvió al presente. Acercó la mano en el fuego para sacar un tizón encendido.

Su instintivo miedo al hombre, hizo que la bestia se retirase, lanzando un profundo aullido para llamar a sus hermanos, que le contestaron en el mismo tono, hasta formarse el cerco de siluetas grises y fauces entreabiertas. El anciano escuchaba. Le iban sitiando. Agitó violentamente la mano, despidiendo chispas, pero las bestias no huyeron. De cuando en cuando, uno se atrevía a adelantarse, luego otro y, luego, otro. Pero ni uno solo quedaba rezagado.

¿Por qué se aferraba de aquel modo a la vida?

Al preguntárselo, Koskoosh dejó caer el tizón encendido en la nieve. Allí chisporroteó, hasta apagarse.

El círculo gruñó inquieto, pero no se movió.

De nuevo, el anciano vio el último combate del viejo reno y, cansado, dejó caer la cabeza sobre las rodillas. ¿Qué importaba ya? ¿No era, acaso, la ley de la vida?

«The law of life», en *Children of the Frost* (1902). *Cuentos del mar y otras historias,* traducción de León-Ignacio, Barcelona, Círculo de Lectores, 1974, pp. 243-249.

GIOVANNI GUARESCHI (1908-1968)

Periodista y escritor humorista italiano. Entre sus obras destacan: El destino se llama Clotilde *(1942),* El marido en el colegio *(1943) y especialmente* Don Camilo *(1948), su título más famoso e importante.*

TERCERA HISTORIA

¿Muchachas? No; nada de muchachas. Si se trata de hacer un poco de jarana en la hostería, de cantar un rato, siempre dispuesto. Pero nada más. Ya tengo mi novia, que me espera todas las tardes junto al tercer poste del telégrafo en el camino de la Fábrica.

Tenía yo catorce años y regresaba a casa en bicicleta por

ese camino. Un ciruelo asomaba una rama por encima de un pequeño muro y cierta vez me detuve.

Una muchacha venía de los campos con una cesta en la mano y la llamé. Debía de tener unos diecinueve años porque era mucho más alta que yo y bien formada.

—¿Quieres hacerme de escalera? —le dije.

La muchacha dejó la cesta y yo trepé sobre sus hombros. La rama estaba cargada de ciruelas amarillas y llené de ellas la camisa.

—Extiende el delantal, que vamos a medias —dije a la muchacha.

Ella contestó que no valía la pena.

—¿No te agradan las ciruelas? —pregunté.

—Sí, pero yo puedo arrancarlas cuando quiero. La planta es mía: yo vivo allí —me dijo.

Yo tenía entonces catorce años y llevaba los pantalones cortos, pero trabajaba de peón de albañil y no tenía miedo a nadie. Ella era mucho más alta que yo y formada como una mujer.

—Tú tomas el pelo a la gente —exclamé mirándola enojado—; pero yo soy capaz de romperte la cara, larguirucha.

No dijo palabra.

La encontré dos tardes después siempre en el camino.

—¡Adiós, larguirucha! —le grité. Luego le hice una fea mueca con la boca. Ahora no podría hacerla, pero entonces las hacía mejor que el capataz, que había aprendido en Nápoles.

La encontré otras veces, pero yo no le dije nada. Finalmente una tarde perdí la paciencia, salté de la bicicleta y le atajé el paso.

—¿Se podría saber por qué me miras así? —le pregunté echándome a un lado la visera de la gorra.

La muchacha abrió dos ojos claros como el agua, dos ojos como jamás había visto.

—Yo no te miro —contestó tímidamente.

Subí a mi bicicleta.

—¡Cuídate, larguirucha! —le grité—. Yo no bromeo.

Una semana después la vi de lejos, que iba caminando acompañada por un mozo, y me dio una tremenda rabia. Me alcé sobre los pedales y empecé a correr como un condenado. A dos metros del muchacho viré y al pasarle cerca le di un empujón y lo dejé en el suelo aplastado como una cáscara de higo.

Oí que de atrás me gritaba hijo de mala mujer y entonces desmonté y apoyé la bicicleta en un poste telegráfico cerca de un montón de grava. Vi que corría a mi encuentro como un condenado: era un mozo de unos veinte años, y de un puñetazo me habría descalabrado. Pero yo trabajaba de peón de albañil y no tenía miedo a nadie. Cuando lo tuve a tiro le disparé una pedrada que le dio justo en la cara.

Mi padre era un mecánico extraordinario y cuando tenía una llave inglesa en la mano hacía escapar a un pueblo entero; pero también mi padre, si veía que yo conseguía levantar una piedra, daba media vuelta y para pegarme esperaba que me durmiese. ¡Y era mi padre! ¡Imagínense ese bobo! Le llené la cara de sangre, y luego, cuando me dio la gana, salté en mi bicicleta y me marché.

Dos tardes anduve dando rodeos, hasta que la tercera volví por el camino de la Fábrica y apenas vi a la muchacha, la alcancé y desmonté a la americana, saltando del asiento hacia atrás.

Los muchachos de hoy hacen reír cuando van en bicicleta: guardabarros, campanillas, frenos, faroles eléctricos, cambios de velocidad, ¿y después? Yo tenía una Frera cubierta de herrumbre, pero para bajar los dieciséis peldaños de la plaza jamás desmontaba: tomaba el manillar a lo Gerbi y volaba hacia abajo como un rayo.

Desmonté y me encontré frente a la muchacha. Yo llevaba la cesta colgada del manillar y saqué una piquetilla.

—Si te vuelvo a encontrar con otro, os parto la cabeza a ti y a él —dije.

La muchacha me miró con aquellos sus ojos malditos, claros como el agua.

—¿Por qué hablas así? —me preguntó en voz baja.

Yo no lo sabía, pero ¿qué importa?

—Porque sí —contesté—. Tú debes ir de paseo sola o si no, conmigo.

—Yo tengo diecinueve años y tú catorce cuando más —dijo—. Si al menos tuvieras dieciocho, ya sería otra cosa. Ahora soy una mujer y tú eres un muchacho.

—Pues espera a que yo tenga dieciocho años —grité—. Y cuidado con verte en compañía de alguno, porque entonces estás frita.

Yo era entonces peón de albañil y no tenía miedo de nada: cuando sentía hablar de mujeres me largaba. Se me importaban un pito las mujeres; pero ésa no debía hacer la estúpida con los demás.

Vi a la muchacha durante casi cuatro años todas las tardes, menos los domingos. Estaba siempre allí, apoyada en el tercer poste del telégrafo, en el camino de la Fábrica. Si llovía, tenía su buen paraguas abierto.

No me paré ni una sola vez.

—Adiós —le decía al pasar.

—Adiós —me contestaba.

El día que cumplí los dieciocho años desmonté de la bicicleta.

—Tengo dieciocho años —le dije—. Ahora puedes salir de paseo conmigo. Si te haces la estúpida, te rompo la cabeza.

Ella tenía entonces veintitrés y se había hecho una mujer completa. Pero tenía siempre los mismos ojos claros como el agua y hablaba siempre en voz baja, como antes.

—Tú tienes dieciocho años —me contestó—, pero yo tengo veintitrés. Los muchachos me apedrearían si me viesen ir en compañía de uno tan joven.

Dejé caer la bicicleta al suelo, recogí un guijarro chato y le dije:

—¿Ves aquel aislador, el primero del tercer poste?

Con la cabeza me hizo seña de que sí.

Le apunté al centro y quedó solamente el gancho de hierro, desnudo como un gusano.

—Los muchachos —exclamé— antes de recibirnos a pedradas deberán saber trabajar así.

—Decía por decir —explicó la muchacha—. No está bien que una mujer vaya de paseo con un menor. ¡Si al menos hubieses hecho el servicio militar!...

Ladeé a la izquierda la visera de la gorra.

—Querida mía, ¿por casualidad me has tomado por un tonto? Cuando haya hecho el servicio militar, yo tendré veintiún años y tú tendrás veintiséis, y entonces empezarás de nuevo la historia.

—No —contestó la muchacha—; entre dieciocho años y veintitrés es una cosa y entre veintiuno y veintiséis es otra. Cuanto más se vive, menos cuentan las diferencias de edades. Que un hombre tenga veintiuno o veintiséis es lo mismo.

Me parecía un razonamiento justo, pero yo no era tipo que se dejase llevar de la nariz.

—En ese caso volveremos a hablar cuando haya hecho el servicio militar —dije saltando en la bicicleta—. Pero mira que si cuando vuelva no te encuentro, vengo a romperte la cabeza aunque sea bajo la cama de tu padre.

Todas las tardes la veía parada junto al tercer poste de la luz; pero yo nunca descendí. Le daba las buenas tardes y ella me contestaba buenas tardes. Cuando me llamaron a filas le grité:

—Mañana parto para alistarme.

—Hasta la vista —contestó la muchacha.

Ahora no es el caso de recordar toda mi vida militar. Soporté dieciocho meses de fajina y en el regimiento no cambié. Habré hecho tres meses de ejercicios; puede decirse que todas las tardes me mandaban arrestado o estaba preso.

Apenas pasaron los dieciocho meses me mandaron a casa. Llegué al atardecer y sin vestirme de paisano, salté en la bicicleta y me dirigí al camino de la Fábrica.

Si ésa me salía de nuevo con historias, la mataba a golpes con la bicicleta.

Lentamente empezaba a hacerse de noche y yo corría como un rayo pensando dónde diablos la encontraría.

Pero no tuve que buscarla: la muchacha estaba allí, esperándome puntualmente bajo el tercer poste del telégrafo. Era tal cual la había dejado y los ojos eran los mismos, idénticos.

Desmonté delante de ella.

—Concluí —le dije, enseñándole la papeleta de licenciamiento. La Italia sentada quiere decir licencia sin término. Cuando Italia está de pie significa licencia provisional.

—Es muy linda —contestó la muchacha.

Yo había corrido como alma que lleva el diablo y tenía la garganta seca.

—¿Podría tomar un par de aquellas ciruelas amarillas de la otra vez? —pregunté.

La muchacha suspiró.

—Lo siento, pero el árbol se quemó.

—¿Se quemó? —dije con asombro—. ¿De cuándo aquí los ciruelos se queman?

—Hace seis meses —contestó la muchacha—. Una noche prendió el fuego en el pajar y la casa se incendió y todas las plantas del huerto ardieron como fósforos. Todo se ha quemado. Al cabo de dos horas sólo quedaban las puertas. ¿Las ves?

Miré al fondo y vi un trozo de muro negro, con una ventana que se abría sobre el cielo rojo.

—¿Y tú? —le pregunté.

—También yo —dijo con un suspiro—; también yo como lo demás. Un montoncito de cenizas y sanseacabó.

Miré a la muchacha, que estaba apoyada en el poste del telégrafo; la miré fijamente, y a través de su cara y de su cuerpo, vi las vetas de la madera del poste y las hierbas de la zanja.

Le puse un dedo sobre la frente y toqué el palo del telégrafo.

—¿Te hice daño? —pregunté.

—Ninguno.

Quedamos un rato en silencio, mientras el cielo se tornaba de un rojo cada vez más oscuro.

—¿Y entonces? —dije finalmente.

—Te he esperado —suspiró la muchacha— para hacerte ver que la culpa no es mía. ¿Puedo irme ahora?

Yo tenía entonces veintiún años y era un tipo como para llamar la atención. Las muchachas cuando me veían pasar sacaban afuera el pecho como si se encontrasen en la revista del general y me miraban hasta perderme de vista a lo lejos.

—Entonces —repitió la muchacha—, ¿puedo irme?

—No —le contesté—. Tú debes esperarme hasta que yo haya terminado este otro servicio. De mí no te ríes, querida mía.

—Está bien —dijo la muchacha. Y me pareció que sonreía.

Pero estupideces así no son de mi gusto y en seguida me alejé.

Han pasado doce años y todas las tardes nos vemos. Yo paso sin desmontar siquiera de la bicicleta.

—Adiós.

—Adiós.

¿Comprenden ustedes? Si se trata de cantar un poco en la hostería, de hacer un poco de jarana, siempre dispuesto. Pero nada más. Yo tengo mi novia, que me espera todas las tardes junto al tercer poste del telégrafo en el camino de la Fábrica.

Don Camilo. Un mundo pequeño, trad. Fernando Anselmi, Barcelona, Planeta, 1982[9], pp. 20-26.

Ray Bradbury (1920)

Autor norteamericano. Sus más importantes libros de relatos son: Crónicas marcianas *(1950) —un clásico de la ciencia-ficción—,* El hombre ilustrado *(1951),* Las doradas manzanas del sol *(1953) y* Remedio para melancólicos *(1959). Es también autor de una importante novela,* Farenheit 451 *(1953), una fábula aleccionadora sobre la posible civilización futura programada, en la que los libros se queman por peligrosos y hombres-libros, perseguidos por el poder, se refugian en los bosques para salvaguardar la herencia cultural.*

Destaca en Bradbury la imaginación, la sensibilidad y los valores humanos y, por esta razón, su tratamiento de los mundos futuros es más poético que científico.

LOS LARGOS AÑOS

Cuando el viento se levantaba en el cielo, el señor Hathaway y su reducida familia se quedaban en la casa de piedra y se calentaban las manos al fuego. El viento movía las aguas del canal y casi se llevaba las estrellas; pero el señor Hathaway conversaba tranquilamente con su mujer, y su mujer contestaba, y luego hablaba con sus dos hijas y su hijo de los días pasados en la Tierra, y todos le contestaban claramente.

La Gran Guerra tenía ya veinte años. El planeta Marte era una tumba. Hathaway y su familia, en las largas noches marcianas, se preguntaban a menudo, silenciosamente, si la Tierra sería aún la misma.

Esa noche se había desatado sobre los cementerios de Marte una de esas polvorientas tormentas marcianas, y había barrido las antiguas ciudades, y había arrancado las paredes de material plástico del más reciente pueblo norteamericano, un pueblo abandonado y casi sepultado por la arena.

La tormenta amainó. Hathaway salió dc la casa, miró hacia la Tierra, verde y brillante en el cielo ventoso, y levantó una mano como para ajustar una lámpara floja en el cielo raso de una habitación oscura. Miró más allá de los fondos del mar. No hay nada vivo en todo este planeta, pensó. Sólo yo, y *ellos,* y volvió los ojos hacia la casa.

¿Qué ocurriría en la Tierra? El telescopio de treinta pulgadas no revelaba ningún cambio. Bueno, pensó, si me cuido puedo vivir otros veinte años. Alguien puede venir, por los mares muertos o cruzando el espacio, en un cohete, con una estelita de fuego rojo.

Se volvió hacia la casa.

—Voy a dar un paseo.

—Muy bien —dijo la mujer.

Hathaway caminó en silencio entre las ruinas.

—«Made in New York» —leyó, al pasar, en un trozo de metal—. Y todos estos materiales terrestres durarán menos que las antiguas ciudades marcianas.

Y miró el pueblo que ya tenía cincuenta siglos, intacto entre las montañas azules.

Llegó a un aislado cementerio: una hilera de lápidas hexagonales en una colina batida por el viento solitario. Inmóvil, cabizbajo, contempló las sepulturas con toscas cruces de madera, y unos nombres. No derramó una sola lágrima. Tenía los ojos secos desde hacía mucho tiempo.

—¿Me perdonáis lo que he hecho? —les preguntó a las cruces—. Yo estaba muy solo. Lo comprendéis, ¿verdad?

Volvió a la casa de piedra y una vez más, antes de entrar, escudriñó el cielo oscuro diciendo:

—Espera y espera, y mira, y quizá una noche...

En el cielo había una llamita roja.

Hathaway se alejó de la luz que salía de la casa.

—Mira otra vez —murmuró.

La llamita roja seguía allí.

—Anoche no estaba —dijo en voz baja.

Tropezó, cayó, se levantó, corrió hacia los fondos de la casa, movió el telescopio y apuntó al cielo.

Un poco más tarde, luego de un examen minucioso y asombrado, apareció en el umbral de la casa. Su mujer, sus dos hijas y su hijo se volvieron hacia él.

—Tengo buenas noticias —dijo Hathaway al cabo de un rato—. He mirado el cielo. Viene un cohete que nos llevará a casa. Llegará mañana temprano.

Escondió la cabeza entre las manos y se echó a llorar dulcemente.

A las tres de la mañana quemó los restos de Nueva York. Caminó con una antorcha por la ciudad de material plástico, tocando los muros con la punta de la llama, y la ciudad se abrió en grandes flores ardientes y luminosas. La hoguera, que medía casi dos kilómetros cuadrados, era bastante grande como para que la vieran desde el espacio. Atraería el cohete hacia Hathaway y su familia.

Volvió a la casa con el corazón apresurado y dolorido.

—Mirad —dijo alzando a la luz una botella polvorienta—. Un vino reservado especialmente para hoy. Ya sabía yo que alguien nos encontraría. ¡Bebamos celebrando el suceso!

Llenó cinco copas.

—Ha pasado mucho tiempo —dijo mirando gravemente su copa—. ¿Recordáis el día en que estalló la guerra? Hace veinte años y siete meses. Llamaron de la Tierra a todos los cohetes. Nosotros, tú y yo y los chicos, estábamos en los montes, dedicados a trabajos arqueológicos, investigando la técnica quirúrgica marciana. Casi reventamos los caballos, ¿os acordáis? Pero llegamos al pueblo con una semana de retraso. Todos se habían ido. América había sido destruida. Los cohetes partieron sin esperar a los rezagados, ¿os acordáis? Y sólo nosotros quedamos en Marte. Dios mío, ¡cómo pasan los años! Yo no hubiera podido resistir sin vosotros. Sin vosotros me hubiera matado. Pero con vosotros valía la pena esperar. Brindemos por nosotros —añadió levantando la copa—. Y por nuestra larga espera.

Hathaway bebió.

Su mujer, sus dos hijas y su hijo se llevaron la copa a los labios.

El vino les corrió por las barbillas.

A la mañana, los últimos restos del pueblo volaban como grandes copos blandos y negros por encima del fondo del mar. El fuego se había apagado, pero no había sido inútil: el punto rojo había crecido en el cielo.

Un aroma de pan de jengibre salía de la casa de piedra. Cuando Hathaway entró, su mujer ordenaba sobre la mesa las hornadas de pan fresco. Las dos hijas barrían suavemente el desnudo suelo de piedra con frescas escobas, y el hijo lustraba los cubiertos de plata.

—Les prepararemos un magnífico desayuno —rió Hathaway—. ¡Poneos los mejores trajes!

Salió al patio y caminó rápidamente hacia el vasto cobertizo de metal. En su interior estaban la cámara refrigeradora y el generador eléctrico que había reparado tantas veces con esos dedos delgados, eficientes y nerviosos, esos dedos que habían arreglado los relojes, los teléfonos y los alambres grabadores. El cobertizo estaba abarrotado de artefactos construidos por Hathaway. Algunos eran unas máquinas absurdas, y hasta él mismo ignoraba cómo funcionaban.

Sacó de la cámara refrigeradora unas cajas de cartón acanalado con porotos * y frutillas de veinte años atrás. Lázaro, levántate, pensó, y extrajo un pollo frío.

Cuando llegó el cohete, flotaban en el aire olores de cocina.

Hathaway corrió como un chico cuesta abajo. Sintió un agudo dolor en el pecho, se paró y se sentó en una peña, hasta que recobró el aliento. Luego siguió su carrera.

Se detuvo bajo la atmósfera abrasadora del ardiente cohete. Se abrió una portezuela. Un hombre se asomó.

Hathaway miró haciéndose sombra con las manos, y dijo:

—¡Capitán Wilder!

—¿Quién es? —preguntó el capitán Wilder. Saltó fuera del cohete y se quedó mirando al viejo. ¡Dios santo, si es Hathaway! —añadió tendiéndole una mano.

—El mismo.

Se miraron a la cara.

—Hathaway, uno de mis viejos tripulantes, de la cuarta expedición.

—Ha pasado mucho tiempo, capitán.

—Demasiado. ¡Qué alegría volver a verlo!

—Soy viejo —dijo simplemente Hathaway.

—Yo tampoco soy joven. He estado veinte años en Júpiter, Saturno y Neptuno.

—Oí decir que lo habían ascendido para que no se metiera en la política colonial de Marte. —El viejo miró alrededor—. Ha faltado usted tanto tiempo que no sabrá lo que ha ocurrido...

—Me lo imagino —dijo Wilder—. Dimos dos vueltas a Marte y sólo encontramos a un hombre, un tal Walter Gripp, a unos quince kilómetros de aquí. Le preguntamos si quería venir con nosotros, pero dijo que no. Cuando lo vimos por última vez estaba sentado en una mecedora, en mitad de la calle, fumando una pipa y saludándonos con la mano. Marte está bien muerto; no queda vivo ni un solo marciano. ¿Qué pasa en la Tierra?

—Sabe usted tanto como yo. De vez en cuando capto las radios de la Tierra, muy débilmente. Pero siempre hablan en alguna lengua extranjera. Y de ellas sólo conozco el latín. Sólo llegan unas pocas palabras. Creo que la mayor parte de la Tierra está en ruinas, pero la guerra sigue. ¿Regresará usted, capitán?

—Sí. Tenemos mucha curiosidad, por supuesto. La radio no llegaba hasta nosotros. Queremos ver la Tierra, pase lo que pase.

—¿Nos llevarán a todos?

El capitán lo miró.

—Ah, sí, su mujer, ya me acuerdo. Hace veinticinco años, ¿verdad? Cuando inauguraron el primer pueblo usted se retiró del servicio y se vino con su mujer. Y tenía usted hijos...

—Un hijo y dos hijas.

—Sí, ya me acuerdo. ¿Están aquí?

—Allá arriba, en aquella casa. Nos está esperando a todos un buen desayuno. ¿Quieren venir?

—Será un honor, señor Hathaway. —El capitán Wilder se volvió hacia el cohete—: ¡Abandonen la nave!

Hathaway, el capitán Wilder y los veinte tripulantes subieron por la colina aspirando profundamente el aire enrarecido y fresco de la mañana. El sol subía en el cielo y el día era muy hermoso.

—¿Se acuerda usted de Spender, capitán?

—Nunca lo he olvidado.

—Una vez al año visito su sepultura. Se diría que al fin realizó sus deseos. No quería que viniéramos aquí. Me imagino que ahora estará contento, pues nos vamos todos.

—¿Y qué fue de... cómo se llamaba... Parkhill, Sam Parkhill?

—Abrió un quiosco de salchichas calientes.

—Muy propio de él.

—Y una semana después volvió a la Tierra, para entrar en el ejército.

Hathaway se llevó una mano al costado, sentándose bruscamente en una roca.

—Perdóneme, es la excitación. Volver a verlo después de tantos años. Tengo que descansar.

El corazón le golpeaba en el pecho. Contó los latidos. Mal asunto.

—Con nosotros viene un médico —dijo Wilder—. Excúseme, Hathaway, ya sé que usted también lo es, pero conviene que él lo examine...

Llamaron al médico.

—No es nada —insistió Hathaway—. La espera, la excitación.

Apenas podía respirar. Tenía los labios azules. Y cuando el médico le puso el estetoscopio, añadió:

—Es como si hubiera vivido esperando este día. Y ahora que han llegado ustedes para llevarme otra vez a la Tierra, me siento ya satisfecho, y quisiera acostarme y olvidarme de todo.

El médico le dio una píldora amarilla.

—Tome esto. Es mejor que descanse.

—No diga tonterías. Déjeme estar sentado un momento. Es muy bueno verlos, oír al fin otras voces.

—¿Le hace efecto la píldora?

—Mucho. Vamos.

Siguieron caminando, colina arriba.

—Alice, ¡mira quién está aquí!

Hathaway frunció el ceño y se asomó al interior de la casa.

—¿Has oído, Alice?

Primero apareció la mujer. Después salieron las dos hijas, altas y graciosas, y las siguió el hijo, todavía más alto.

—Alice, ¿te acuerdas del capitán Wilder?

Alice titubeó, miró a su marido, como pidiéndole instrucciones, y sonrió:

—Claro, ¡el capitán Wilder!

—Recuerdo que cenamos juntos la víspera de mi partida para Júpiter, señora Hathaway —dijo Wilder.

Alice le estrechó vigorosamente la mano.

—Mis hijas, Marguerite y Susan. Mi hijo John —dijo—. Os acordáis del capitán, ¿no es cierto?

Se dieron la mano, riendo y hablando animadamente.

—¿Huele a pan de jengibre? —preguntó el capitán.

—¿Quieren probarlo?

Todos se movieron. Sacaron apresuradamente unas mesas plegadizas, pusieron sobre ellas unos cubiertos y unas finas servilletas de seda y sirvieron unos platos humeantes. El capitán Wilder, de pie, inmóvil, miraba a la señora Hathaway y a las dos hijas que iban en silencio de un lado a otro. Les miraba las caras y seguía todos los movimientos de esas manos jóvenes y todas las expresiones de esos rostros tersos. Se sentó en una silla que le trajo el hijo.

—¿Cuánto años tienes, John? —le preguntó.

—Veintitrés.

Wilder movió torpemente los cubiertos. Se había puesto pálido.

El hombre que estaba a su lado le dijo en voz baja:

—No puede ser, capitán.

John fue a buscar más sillas.

—¿Qué dice, Williamson?

—Yo tengo cuarenta y tres. Fui a la escuela con John Hathaway, hace ya veinte años. John dice que tiene veintitrés años, y *representa* esa edad. Pero no puede ser. Debiera tener, por lo menos, cuarenta y dos. ¿Qué significa esto, capitán?

—No sé.

—Pero, ¿qué le pasa, capitán?

—No me siento bien. Las hijas, también, las vi hace unos veinte años. No han cambiado. No tienen una arruga. ¿Quiere usted hacerme un favor? Quiero que me averigüe una cosa, Williamson. Le diré adónde debe ir y qué debe ver. Escabúllase cuando estemos terminando el desayuno. No tardará más de diez minutos. El sitio no está lejos. Lo he visto desde el cohete.

—¡Eh! ¿De qué están hablando con tanta seriedad? —les preguntó la señora Hathaway mientras les servía hábilmente la sopa—. ¡Sonrían! Estamos juntos, el viaje casi ha terminado. ¡Están ya en casa!

—Sí —dijo el capitán riéndose—. Está usted realmente muy bien y muy joven, señora Hathaway.

—¡Ah, los hombres!

Wilder la vio alejarse rápidamente con la cara encendida, tersa como una manzana, sin arrugas y de buen color. Respondía a las bromas con una risa cristalina, servía limpiamente la ensalada, sin detenerse una sola vez a tomar asiento. Y el hijo, huesudo, y las hijas, plenamente formadas, hablaban de sus vidas solitarias y se mostraban brillantemente ingeniosos, mientras el padre asentía orgullosamente.

Williamson se alejó en silencio, colina abajo.

—¿A dónde va? —preguntó Hathaway.

—A examinar el cohete —respondó Wilder—. Pero, como le iba diciendo, Hathaway, no hay nada en Júpiter, absolutamente nada para el hombre. En Saturno y en Plutón, tampoco.

Wilder habló mecánicamente, sin atender a lo que decía, pensando únicamente en Williamson, que en ese momento descendía por la colina, y que muy pronto estaría de vuelta.

—Gracias.

Marguerite Hathaway le estaba sirviendo agua. Wilder, impulsivamente, le tocó el brazo. La muchacha no se inmutó. La carne era firme y tibia.

Al otro lado de la mesa, Hathaway se interrumpía a veces, se tocaba el pecho con un gesto de dolor, seguía escuchando los murmullos y el ruido de la charla, y de vez en cuando miraba preocupado a Wilder, a quien no le gustaba aparentemente el pan de jengibre.

Williamson regresó. Se sentó y se puso a picotear la comida hasta que el capitán se inclinó hacia él.

—¿Bien?

—Lo encontré, capitán.

—¿Y...?

Williamson estaba pálido. No dejaba de mirar a los demás, que hablaban y se reían. Las hijas sonreían gravemente, y el hijo contaba un chiste.

—He estado en el cementerio —dijo Williamson.

—¿Las cuatro cruces están ahí?

—Las cuatro cruces están ahí, señor. Se pueden leer los nombres. Los he apuntado para estar seguro. —Y Williamson leyó en un papel blanco—: «Alice, Marguerite, Susan y John Hathaway. Muertos a causa de un virus desconocido. Julio de 2007».

Wilder cerró los ojos.

—Gracias, Williamson.

—La mano de Williamson temblaba.

—Hace diecinueve años, capitán.

—Sí.

—Entonces, ¿quiénes son *éstos*?

—No lo sé.

—¿Se lo diremos a los demás?

—Más tarde. Siga comiendo como si nada hubiera ocurrido.

—No tengo mucho apetito, señor.

La comida terminó con un vino traído del cohete. Hathaway se puso de pie.

—Brindo por ustedes. Es bueno estar otra vez entre amigos. Y brindo también por mi mujer y mis hijos. Sin ellos no hubiera vivido hasta hoy. Sólo gracias a sus cariñosos cuidados he podido esperar la llegada de ustedes.

Alzó la copa hacia su familia. Los cuatro lo miraron azorados y cuando los demás comenzaron a beber bajaron los ojos.

Hathaway apuró su copa. En seguida, sin un grito, cayó de bruces sobre la mesa y resbaló hasta el suelo. Algunos de los hombres lo ayudaron a acostarse. El médico se inclinó sobre él, y escuchó. Wilder tocó el hombro del médico. El médico levantó la vista y sacudió la cabeza. Wilder se arrodilló y tomó entre sus manos una mano de Hathaway.

—¿Wilder? —La voz de Hathaway apenas se oía—. He estropeado el desayuno.

—No diga disparates.

—Despídame de Alice y mis hijos.

—Espere un momento. Los voy a llamar.

—No, no —jadeó Hathaway—. No comprenderían. No quisiera que comprendieran. No los llame.

Wilder no se movió.

Hathaway estaba muerto.

Wilder esperó algún tiempo. Luego se levantó y se alejó del grupo de hombres encorvados que rodeaban a Hathaway. Buscó a Alice y le dijo, mirándola fijamente:

—¿Sabe usted qué acaba de ocurrir?

—¿Le ha pasado algo a mi marido?

—Ha muerto. El corazón —contestó Wilder observándola.

—¡Qué pena! —dijo Alice.

—¿Cómo se siente usted?

—Hathaway no quería que nos pusiéramos tristes. Nos dijo que esto ocurriría en cualquier momento, y no quería que lloráramos. No nos enseñó a llorar. No quería que supiéramos hacerlo. Según él nada peor puede ocurrirle a un hombre que estar solo y ponerse triste y llorar. Por eso no sabemos lo que es llorar o estar tristes.

Wilder echó una ojeada a las manos de la mujer, las manos blandas y tibias, las uñas bien cuidadas y las finas muñecas. Miró el cuello esbelto y terso y los ojos inteligentes y dijo al fin:

—El señor Hathaway los hizo muy bien, a usted y a sus hijos.

—A Hathaway le hubiera gustado oír eso. Estaba tan orgulloso de nosotros. Al cabo de un tiempo hasta olvidó que nos había hecho. Al final nos aceptaba y nos quería como si fuéramos de veras su mujer y sus hijos. Y en cierto sentido lo *somos*.

—Ustedes lo ayudaron mucho.

—Sí, conversamos con él durante años interminables. Le gustaba hablar. Le gustaba la casa de piedra y el fuego de la chimenea. Hubiéramos podido vivir en una de las casas comunes del pueblo, pero a él le gustaba esto, donde podía ser primitivo si quería, o moderno si quería. Me hablaba muchas veces de su laboratorio y de sus inventos. Instaló una verdadera red de alambres y altavoces en el pueblo norteamericano. Cuando apretaba un botón el pueblo se iluminaba y se llenaba de ruidos, como si vivieran en él diez mil personas. Se oían aviones, automóviles y conversaciones. Hathaway se sentaba, encendía un cigarro y nos hablaba, y los ruidos del pueblo llegaban hasta nosotros, y de vez en cuando sonaba un teléfono y una voz grabada le hacía una pregunta sobre ciencia o cirugía, y el señor Hathaway contestaba. Con el teléfono, nosotros, los ruidos del pueblo y su cigarro, era feliz. Pero hubo una cosa que no pudo conseguir: que envejeciéramos. Él envejecía día tras día, y nosotros no cambiábamos. Creo que no le importaba. Creo que nos quería así.

—Lo enterraremos en el cementerio de las cuatro cruces. Me parece que eso le gustaría a Hathaway.

Alice tocó suavemente la muñeca del capitán Wilder.

—Estoy segura.

El capitán dio unas órdenes. La familia siguió al reducido cortejo. Dos hombres llevaron a Hathaway en unas parihuelas cubiertas con un paño. El cortejo dejó atrás la casa de piedra y el cobertizo donde Hathaway, años atrás, había comenzado sus trabajos. Wilder se detuvo junto a la puerta del taller.

¿Cómo sería, se preguntó, vivir en un planeta con una mujer y tres hijos, y verlos morir y quedarse a solas con el viento y el silencio? ¿Qué se podría hacer? Enterrarlos bajo unas cruces, volver al taller y con inteligencia, memoria, habilidad manual e ingenio reconstruir minuciosamente, mujer, hijo e hijas. Con toda una ciudad norteamericana a su disposición un hombre inteligente podía hacer cualquier cosa.

El ruido de los pasos se apagaba en la arena. Cuando llegaron al cementerio, dos de los hombres abrían una sepultura.

Volvieron al cohete en las últimas horas de la tarde.

Williamson señaló la choza con un movimiento de cabeza:

—¿Qué vamos a hacer con *ellos*?

—No lo sé —dijo el capitán.

—¿Los va a parar?

El capitán pareció un poco sorprendido.

—¿Parar? No lo había pensado.

—No los llevaremos.

—No, sería inútil.

—¿Es decir que los vamos a dejar aquí, *así,* como *son*?

El capitán le alcanzó un arma a Williamson.

—Si usted es capaz... Yo no lo soy.

Cinco minutos después, Williamson volvió de la casa de piedra con el rostro transpirado.

—Tome el arma. Ahora entiendo lo que usted quería decir.

Entré en la choza con el arma en la mano. Una de las hijas me sonrió. Y también los demás. La mujer me ofreció una taza de té. ¡Dios, sería un asesinato!

Wilder asintió.

—Nunca habrá nada tan maravilloso como ellos. Fueron construidos para durar: diez, cincuenta, doscientos años. Sí, tienen derecho... a vivir, tanto como cualquiera de nosotros. —Sacudió la pipa y añadió—: Ahora, a bordo. Nos vamos. Este pueblo está muerto. Nada hacemos aquí.

Oscurecía. Se levantaba un viento helado. Los hombres ya estaban a bordo. El capitán titubeó.

—No volverá usted a... despedirse de ellos —dijo Williamson.

El capitán lo miró fríamente.

—No es asunto suyo.

Wilder subió a la casa en el viento del crepúsculo. Los hombres del cohete vieron que su sombra se detenía en el umbral. Vieron la sombra de una mujer. Vieron que el capitán le estrechaba la mano.

Un momento después, Wilder volvió corriendo hacia el cohete.

De noche, cuando el viento barre el fondo del mar muerto y el cementerio hexagonal con cuatro cruces viejas y una nueva, una luz brilla aún en la casa de piedra, y en esa casa, mientras ruge el viento, y giran los torbellinos de arena y las estrellas frías titilan en el cielo, cuatro figuras, una mujer, dos hijas y un hijo atienden el fuego sin ningún motivo y conversan y ríen.

Noche tras noche, año tras año, la mujer, sin ningún motivo, sale de la casa y mira largamente el cielo con las manos en alto, mira la Tierra, la luz verde, sin saber por qué mira, y después entra y echa al fuego unos trozos de leña, y el viento sigue soplando y el mar muerto sigue muerto.

The Martian Chronicles (1950).

Crónicas marcianas, trad. Francisco Abelenda, Barcelona, EDHASA, 1975, pp. 214-225.

Adrian Conan Doyle (1910-1970)

Escritor inglés, hijo de Sir Arthur Conan Doyle, el creador del célebre Sherlock Holmes. Aficionado a los viajes, conocedor de los animales salvajes, colaboró en diferentes periódicos y revistas. Sus principales obras son: The True Conan Doyle, *1945* (El verdadero Conan Doyle); The Exploits of Sherlock Holmes, *1954* (Las aventuras de Sherlock Holmes); Tales of love and hate, *1960* (Cuentos de amor y odio) *y* Lone Dhow, *1963* (El velero solitario).

EL ENAMORADO DE LOS LLANOS CORALINOS

Tenía doscientos años y en los últimos tiempos había empezado a pesarle la edad. Padecía algún que otro achaque, ¿saben ustedes?

En las islas Salomón le llamaban *Shushu,* probablemente por el ruido que hacía al zambullirse, pues lo conocían muy bien de vista. Era imposible confundir aquel muñón que en sus buenos tiempos había sido la fina aleta de la cola.

Bueno, si el Dios que creó las inmensas aguas estaba a punto de llamarle a su seno, nada había de humillante en que un cachalote se sometiera al Único Ser más poderoso que él. Además, ¿qué tenía que temer? En su corazón siempre había sido temeroso de Dios a pesar de sus manifiestas inmoralidades.

Y era siempre al llegar a este punto cuando se llenaba la boca de una buena cantidad de plancton * y la escupía otra vez. ¡Esas hembras! Conocía sus trucos, pues había frecuentado bastante a esas bellezas allá abajo, en el pálido azul a donde acudían los amantes; incluso les había dejado uno o dos cachorros a cada una para que se acordaran de él.

Pero nunca había sido la verdadera pasión, nunca. No existía ni una sola de ellas por la que se hubiera cargado un banco de orcas * o arriesgado entre las rojas algas de los Sargazos *.

Ésa era la única sombra que aparecía al mirar atrás hacia los largos años, y no arreglaba mucho las cosas pensar que en alguna parte, quizá entre las grutas de coral, quizá en las aguas heladas, en este mismo momento, ella también podría estar nadando y soplando y soñando acerca de su macho ideal. Pero si los achaques representaban alguna cosa, era ya demasiado tarde para poner algún arreglo al caso, de modo que se limitaba a salir a la superficie y tostarse un poco al sol.

Aunque el mar era como cristal, no dejaba de ser una suerte que él tuviera aquella honrosa vegetación de algas y aquellas lapas * en torno a sus brillantes y diminutos ojos, de lo contrario podría haber sido seriamente molestado por la irresponsabilidad de los peces voladores que persistían en posarse en su cabeza. Recordaba los días en que esos peces mostraban mejor juicio en sus piruetas y más respeto para los demás; incluso cuando alguna albacora * intentaba clavarles una dentellada en la cola.

Sí, verdaderamente había visto bastantes cosas... en realidad todo cuanto había que ver en los grandes mares, sin excluir aquéllos lejanísimos donde las tierras se alzaban flotantes, altas, blancas y silenciosas, cruzando las aguas ocultas bajo un sol de medianoche que pendía opacamente rojo en el cielo.

Aquel viaje había constituido un error, pues fue allí donde perdió la mitad de su cola en el ataque de una banda de orcas asesinas, y había sufrido serios inconvenientes por parte de un narval *, pero, después de todo, la juventud tiene que aprender y, en el mar, la experiencia se paga a un alto precio.

—Bueno, lo había visto todo, de manera que si Dios se preparaba a llamarlo, no tenía importancia. Él era un tipo «ahí me las den todas», y para demostrarlo iba a pegar un saltito y de paso sacudirse algunos de esos pertinaces parásitos de mar.

De manera que *Shushu* pegó un salito directamente fuera de las cálidas aguas del Pacífico y directamente a sus profundidades otra vez, ocasionando con ello un estruendo que hizo dispararse a los albatros * al aire en cinco millas a la redonda del lugar de inmersión.

Y fue mientras estaba sumergiéndose, sombra monstruosa en el diáfano azul, que vio... que la vio.

Ella estaba ascendiendo a la superficie para soplar, sobre eso no cabía duda, y jamás una ballena hembra había surgido más graciosamente de las profundidades marinas. ¡Y su color! Un gris perla. Él se aproximó ahora para verla más de cerca. ¡Qué espalda, lisa como una roca! Su cola... apenas se atrevía a mirarla. Era todo demasiado hermoso para ser cierto. Pero no pudo vencer el impulso de contemplarla y así lo hizo. Ni siquiera un tiburón azul podía superar la gracia, la ondulante gracia, de aquella cosa aleteante en forma de gorgonia *.

Ella, la coqueta, se movió ahora con más lentitud, y en el momento en que sus ojos se encontraron *Shushu* comprendió que su búsqueda había terminado, que por fin el *Don Juan* del Océano se había convertido en el amante de los llanos coralinos. Había encontrado su sueño.

Se la llevó con él abajo, no muy hondo, a su lugar favorito donde, sobre las arenas plateadas, se cernía una luz violeta y los picos de coral formaban grutas y llanos, todo reluciente con las nupciales joyas del mar. Y allí se unieron, allí enlazaron sus corazones con una fuerza que sólo la muerte podría vencer, con el amor que se forja a cien brazas de profundidad.

Los achaques de *Shushu* habían huido al limbo de las cosas olvidadas. Una vez más, el espíritu de su juventud, que había imaginado desaparecido para siempre, corría tan alegremente en sus aletas que, a la menor provocación, él saltaba como un arenque en la gozosa luz del sol, o surgiendo de las profundidades como una oculta montaña proyectaba su chorro de agua entre una pareja de vacas marinas *, pacíficamente dormidas, entre una pareja de vacas marinas, pacíficamente dormidas,

Luego vinieron los días, los maravillosos días pasados vagabundeando en busca de calamares durante millas y millas por las interminables llanuras de la profundidad media; donde los únicos movimientos eran el paso de sus propias sombras reflejadas en la arena azul y, ocasionalmente, un delgado remolino, semejante a una voluta de humo que se levantaba del lecho del océano, en el lugar donde un pólipo huía en vano ante el impulso de sus enormes mandíbulas.

Pero *Shushu* tenía marcada preferencia por los llanos coralinos donde podía yacer a su gusto, rascándose la barriga deliciosamente en las ramas astadas, mientras su joven esposa quemaba su exceso de energía manteniéndose cabeza abajo, de forma que los escaros * pudieran liberarla cortésmente de todo parásito importuno, o bien deslizándose entre las columnas y pináculos donde las algas, moviéndose como plumas rosadas, parecían balancearse en armonía con su propia y graciosa cola.

Pasaron los meses.

Juntos surcaron las aguas libres en pos de los bancos de bonitos y de caballas que se dirigían al norte en una de esas emigraciones que son místicos latidos de la naturaleza; luego, más allá de las islas Kapangamarangi, los bancos se dispersaron con el monzón y en cosa de pocas horas el océano quedó tan vacío como el desierto.

Las zonas coralinas, esas abundantes despensas de peces, habían sido dejadas muy atrás, al sur, en un potente nadar de muchos días. Abajo, mil brazas al fondo, los picachos de lava emergían erizados de la negra, infinita profundidad. Un lugar de terror, la sede del demonio, donde ninguna criatura viviente, excepto quizás la ballena si tenía un corazón fuerte y valeroso, podía abrigar la esperanza de entrar y regresar.

Antes de emprender la larga travesía tenían que contar con alimentos, pero ¿cómo obtenerlos? Ella estaba grávida *, lo que había motivado el que ambos siguieran a los espesos bancos de fácil presa; mas ahora, en los desolados eriales donde los peces eran escasos y veloces, había que ser muy ágil o morir de hambre. Allá abajo, en las cavernas de los picachos sumergidos, era aún posible encontrar comida, pero, como comprendía instintivamente, en la condición en que ella se encontraba no podría resistir ni la profundidad ni la terrible lucha que sin duda les esperaba.

Al seguir la emigración *Shushu* había cometido su segundo error en doscientos años, y ese era uno más en el acuerdo de hidalgos que existe entre Dios y las ballenas.

De modo que él la miró con sus brillantes ojillos y frotó un poco el hocico contra ella para hacerla comprender; luego, limpiándose los pulmones con un último soplido, se hundió en la profundidad para procurarle la comida que les permitiría emprender el viaje de regreso a las grutas de coral.

Abajo y abajo. Verticalmente abajo.

La luz había huido del agua: el verde del azul, el azul del morado, el morado del gris oscuro.

Abajo.

Ahora todo era negrura y, bajo su espesa capa de músculos y esperma *, la sangre de *Shushu* circulaba fríamente, con un helor más mortal todavía que el que había experimentado en las aguas árticas.

Y aún siguió bajando.

Penachos y burbujas de luz, vívidas como llamitas verdes, veteaban la oscuridad por todos lados, pero no les prestó atención, alerta a una presa más importante que requería todo su vigor, toda su fuerza para dominarla, si es que había de alcanzar la superficie otra vez.

Encontróse ante él con una oscuridad más cerrada, sus aletas tocaron roca y *Shushu* se deslizó entre las gargantas de los picos de lava. Aquí vivía el terror, la cosa que él buscaba.

Nada se movía. Los desvaídos pináculos, los salidizos * bordes de los precipicios, hundiéndose en el fondo del mundo, apareciendo en torno a él en toda su tremenda quietud. Su sangre pareció cesar de latir como convertida en hielo y la presión de las aguas secretas pesó sobre él con el silencio de la muerte.

Y entonces, del interior de una caverna se proyectó un largo brazo blanco.

Este brazo le rodeó el cuerpo y, en seguida, otro y otro y otro, cada uno de ellos del grosor de un barril. Se retorcían en torno a sus aletas, agarrábanse a su dorso, laceraban su cabeza con gigantescas ventosas que se hundían en su carne como las garras de un tigre. Perforando la oscuridad, dos ojos luminosos, fríos como la luz lunar, flotaban furtivamente hacia él, mientras yarda * a yarda surgía de lo profundo de la caverna un cuerpo monstruoso, largo y enorme como el suyo, pero de una palidez reluciente y viscosa que se destacaba contra la negrura del abismo.

Poniendo en juego toda su fuerza, el cachalote giró sobre sí mismo en la zarpa de los gigantescos tentáculos, proyectándose hacia atrás con las aletas, y los dos titanes de las profundidades flotaron sobre el precipicio submarino unidos en un tremendo abrazo.

El cuerpo de la sepia gigante cubrió la cabeza de *Shushu.* El córneo pico desgarraba y hendía la carne hasta que las aguas en torno fueron oscurecidas más aún por una nube de sangre, a la vez que las garras de los enormes discos adheridos a su cuerpo hurgaban ávidamente en sus venas.

De una sola dentellada partió uno de los tentáculos y entonces, arremetiendo hacia delante, mordió repetidamente la masa gelatinosa que lo envolvía. Demasiado tarde, la negra niebla expelida por la sepia veló aquellos horribles ojos, en tanto que el monstruo intentaba regresar a su guarida. Pero *Shushu* no soltaba su presa, girando y retorciéndose como cogido en un remolino hasta que, poco a poco, la espuma de los últimos estertores de la muerte fundióse en el abismo. Había hundido los dientes en el cerebro del monstruo.

No había tiempo que perder. Un primitivo instinto le decía que el aire de sus pulmones se hallaba tan peligrosamente próximo a agotarse, que tenía que comenzar el ascenso de inmediato, si es que sus ojos habían de contemplar otra vez el mundo de la superficie. Arrancando un pedazo, quizás de unas tres toneladas, del cuerpo gigantesco de la sepia, *Shushu* se disparó hacia arriba llevándolo entre sus poderosas mandíbulas.

El negro se transformaba en gris, el gris en morado, el morado en azul índigo * y ahora, por fin, aparecía el brillante verde esmeralda de los últimos cien pies. El desesperado batir de sus aletas sacudía v agitaba su cuerpo, sus pulmones estaban a punto de estallar; pero nunca, ni por un momento, soltaron sus dientes la carga que tiraba de él hacia abajo: la comida que él ganara para *ella.*

Y entonces, a pesar de su propia angustia, olió aquéllo. Sangre. ¡Había sangre en las aguas de la superficie!

Entre un estrépito de aguas divididas, rompió la piel del mar y flotó allí, inerte, mientras el aire que le quedaba en los pulmones salía del orificio en silbante chorro de vapor.

Lentamente se dio vuelta, lentamente sus ojos escudriñaron el mar y luego, en un instante, el amante de los llanos coralinos se convirtió en la más terrible de todas las criaturas de Dios: un cachalote enloquecido.

Olvidadas las toneladas de sepia que ahora se hundían irremediablemente; olvidado su agotamiento, inadvertida la forma que reptaba sobre las aguas a sus espaldas, sólo vio que ella le necesitaba, y aun cuando se lanzó al ataque, comprendió que había llegado demasiado tarde.

Ella estaba muriéndose. En un mar batido hasta la espuma se retorcía aquel hermoso cuerpo gris perla acribillado de heridas abiertas, a la vez que por encima de las agitadas aguas saltaba una delgada forma negra, la cual, arqueándose en el aire, daba al caer un tremendo latigazo de su cola, curvada como una guadaña, sobre el dorso de la moribunda. La vio hundirse. De la profundidad surgió un centelleante rayo de luz bruñida que clavó su espada en el vientre de ella. Todavía se dio vuelta y las aletas se abatieron, indefensas, en tanto el tiburón saltó de nuevo al aire para golpearla con su temible cola, obligándola a hundirse otra vez y quedar a merced del pez espada que la acechaba abajo.

El tiburón, toda gracia y maldad contra el cielo azul del pacífico, saltó una vez más al aire, y en la superficie del mar un par de abiertas mandíbulas salieron a su encuentro. Se oyó un ruido como el de una verja de hierro al cerrarse y las dos mitades del tiburón, echando chorros de sangre, separaron violentamente veinte yardas de agua. *Shushu* giró en torno precipitándose de cabeza al lugar donde el pez espada, el más veloz de los nadadores, iniciaba la vuelta para huir. Levantando un remolino de espuma embistió el cachalote, pero el otro fue más rápido, aunque no lo bastante; pues si bien *Shushu* no consiguió apresar ese cuerpo escurridizo, sus dientes le atravesaron la cola. Proyectado por su propio impulso, el pez espada lanzóse hacia las profundidades, mientras que, igual que lobos tras de un ciervo sangrante, una, dos, tres formas se precipitaron a seguir el rastro. Los alacrines se darían un banquete en el punto donde el morado se une al azul.

Entonces *Shushu* regresó a donde ella yacía en paz, la acarició un poco con el hocico y se quedó flotando a su lado según ella se hundía más v más en el agua, hasta que unas olitas cubrieron el gracioso dorso con su encaje de plata. *Shushu* permanecía muy quieto, pues los cachalotes cuyos corazones han sobrevivido los doscientos años, sufren mucho de achaques.

Por detrás, furtivo como una sombra, avanzaba el ballenero.

—La hembra se ha hundido —gruñó el piloto, señalando a proa— y el macho, a juzgar por lo quieto que se ha quedado, debe estar malherido. Disparadle el arpón antes de que él también se hunda.

El viejo arponero limpióse el sudor de los ojos.

—Está mal —murmuró—. Después de lo que hemos presenciado es una porquería quitarle la vida.

—¡Qué va a estar mal, estúpido! Míralo y calcula su peso en aceite, grasas e incluso marfil. ¿Es que los dólares están mal alguna vez? Preparaos a disparar.

—A la orden —gruñó el viejo, inclinándose sobre el punto de mira—. Pero, maldita sea, voy a hacerlo limpiamente. Por su noble corazón.

Y apretó el gatillo.

—¡Blanco, blanco! —gritó el piloto—. ¡Botes al agua! ¿Qué pasa? Imposible. La cuerda... ¡rota! ¡Así arda en el infierno la mano que la trenzó!

—No —dijo el arponero—, pues fue la mano de Dios quien la rompió. Pero yo lo maté limpiamente. ¡Se hunde! ¡Mire, se hunde! Bueno, ya no lo veremos más. Adiós, viejo guerrero. Yace en paz con tu compañera en el fondo del mar.

Tales of love and hate (1960).

Historias de amor y de odio, trad. M. Guasch, Barcelona, Molino, 1965.

GLOSARIO

aguaribay: árbol de mediano tamaño propio de América Central y Meridional, de hojas fragantes y frutos rojizos.
albacora: pez parecido al atún y al bonito.
albatros: ave palmípeda del Pacífico, de color blanco, muy voraz y buena voladora.
albos: blancos.
alegaban: discutían.
aojamientos: males de ojo.
apuñazaba: golpeaba con los puños.
armadijos: trampas, cepos para cazar animales.
arrebiatados: apresurados.

bananal: terreno poblado de bananos (plátanos).
besana: tierra arada en surcos.
bola: rebaño.
botavaras: palos horizontales que sirven para cazar la vela cangreja.
bozal: aparato que se les pone en la boca a los perros para que no muerdan.
bozo: vello que apunta sobre el labio superior de los jóvenes, antes de nacer la barba.
Brahma: creador del universo, deidad suprema, según el brahmanismo; primera persona de la Trimurti o trinidad hindú.

caramillo: flautilla de caña que produce un sonido muy agudo.
cardúmenes: pececillos.
carrizos: cañas.
cilicio: faja de cadenillas de hierro con puntas, ceñida al cuerpo, que algunas personas usan para mortificarse.
cogullas: capuchas del hábito de los monjes.
colmena: metáfora; relaciona el ruido del avión con el de una colmena.
columbré: divisé (ver desde lejos una cosa sin distinguirla bien).
conspicuo: ilustre.

chacota: burla.
chircas: pequeños arbustos.

dizque: arcaísmo propio de México, «dice que» o «dicen que».

ejecutorias: títulos o diplomas en que consta legalmente la nobleza de una persona o familia.
epitafio: inscripción que se pone sobre una sepultura.
escaros: peces de color rojo.
esparteñas: alpargatas de esparto.
esperma: sustancia procedente de la materia oleosa contenida en la cabeza del cachalote, que se emplea en medicina y para hacer velas.
estoperoles: clavos cortos, de cabeza grande y redonda.
exhorto: orden judicial de prendimiento.

facón: daga o puñal grande.
familiares: ministros de la Inquisición, que asistían a las prisiones.
fraga: bosque gallego.
fuereños: forasteros.

galera: sombrero de copa redondeada.
gañiles: estertores; respiración anhelosa, con ronquido sibilante, propia de los moribundos.
garfas: uñas corvas que forman la garra de algunos animales.
gaucho: natural de la Pampa, generalmente mestizo de español e indio; buen jinete, dedicado a la ganadería o a la vida errante.
gozquecillo: perro pequeño.
grávida: preñada.
guacamaya: especie de papagayo americano de plumaje multicolor.

hacer pelos: arrear.
horcón: aumentativo de horca; aquí puede referirse a un palo con dos puntas y otro atravesado, entre los que se metía el pescuezo del condenado.

índigo: añil.
in pace: en latín, «en paz»; aquí, celda inquisitorial.

kalimera: en griego, buenos días.
Klondike: región de Alaska que se hizo famosa con el descubrimiento del oro.

latro: robo.
laucha: ratoncillo común.
lección: aquí, escuela.

malacara: caballo con el cuerpo de color rojizo y la frente blanca.
malo: por antonomasia, el diablo.
Mayo: río de Alaska.
mayorazgo: institución antigua que perpetuaba en una familia la propiedad de ciertos bienes, recayendo éstos en el hijo mayor, también llamado mayorazgo.

milpa: maíz.
mixtificación: engaño.

narval: cetáceo de unos seis metros de largo.

omen absit: en latín, que no ocurra tal augurio (tal cosa).
onomatopeya: aquí, imitación del sonido del tren.
orcas: cetáceo de hasta diez metros de largo, de color azul por el lomo y blanco por el vientre; persigue a las focas y a las ballenas.

parlour: en francés, cuarto bajo o locutorio.
pazo solariego: casa rural gallega, de antigua y noble familia.
pedregullo: grava:
porotos: especie de alubias.
potrero: campos cercados donde se cría el ganado caballar.

rebujal: rebaño.
rémora: pez marino que se adhiere fuertemente a los objetos flotantes.
rimero: conjunto de libros o papeles puestos unos encima de otros.

sábalo: pez marino.
sacre: ave rapaz.
salidizos: sobresalientes.
Sargazos: zona del océano que recibe ese nombre debido a las algas marinas (sargazos) que la cubren.
sendereaba: guiaba, conducía.
schaman: hechicero de la tribu.
sicuas: planta de tallos sarmentosos.
Siva: tercera persona de la Trimurti o trinidad hindú; principio destructor y renovador de la Naturaleza.
squaw: mujer esquimal.
steward,-ess: camarero,-a (azafata) de los aviones de pasajeros.

tajamar: dique o zanjón para paliar los efectos de las crecidas.
Talmud: libro que contiene una vasta compilación de la doctrina tradicional de los judíos, escrito después de la destrucción de Jerusalén.
tasajo: pedazo de carne curada.
terrera: pegada a la tierra.
trapean: metáfora, como trapos en el aire.
trasgos: duendes traviesos.

veni foras: en latín, «sal fuera»; palabras pronunciadas por Jesucristo al resucitar a Lázaro.
verdolagas: plantas herbáceas, especie de verduras.
Visnú: segunda persona de la Trimurti o trinidad hindú; principio conservador de la vida que, según la leyenda, tomó la forma de Buda, en su novena reencarnación.

wood: en inglés, madera; juego de palabras aludiendo a su profesión.

yarda: medida inglesa de longitud, equivalente a 914 mm.
Yukón: río de Alaska.

zagueras: que se separaban o quedaban detrás.

COMENTARIOS CRÍTICOS

EL DECÁLOGO DEL PERFECTO CUENTISTA

I

Cree en el maestro —Poe, Maupassant, Kipling, Chejov— como en Dios mismo.

II

Cree que tu arte es una cima inaccesible. No sueñes en dominarla. Cuando puedas hacerlo, lo conseguirás sin saberlo tú mismo.

III

Resiste cuanto puedas a la imitación, pero imita si el influjo es demasiado fuerte. Más que cualquier otra cosa, el desarrollo de la personalidad es una larga paciencia.

IV

Ten fe ciega no en tu capacidad para el triunfo, sino en el ardor con que lo deseas. Ama a tu arte como a tu novia, dándole todo tu corazón.

V

No empieces a escribir sin saber desde la primera palabra adónde vas. En un cuento bien logrado las tres primeras líneas tienen casi la misma importancia que las tres últimas.

VI

Si quieres expresar con exactitud esta circunstancia: «Desde el río soplaba un viento frío», no hay en lengua humana más palabras que las apuntadas para expresarla. Una vez dueño de las palabras no te preocupes de observar si son consonantes o asonantes.

VII

No adjetives sin necesidad. Inútiles serán cuantas colas adhieras a un sustantivo débil. Si hallas el que es preciso, él, solo, tendrá un color incomparable. Pero hay que hallarlo.

VIII

Toma los personajes de la mano y llévalos firmemente hasta el final, sin ver otra cosa que el camino que les trazaste. No te distraigas viendo tú lo que ellos no pueden o no les importa ver. No abuses del lector. Un cuento es una novela depurada de ripios. Ten esto por una verdad absoluta aunque no lo sea.

IX

No escribas bajo el imperio de la emoción. Déjala morir y evócala luego. Si eres capaz entonces de revivirla tal cual fue, has llegado en arte a la mitad del camino.

X

No pienses en los amigos al escribir, ni en la impresión que hará tu historia. Cuenta como si el relato no tuviera interés más que para el pequeño ambiente de tus personajes, de los que pudiste haber sido uno. No de otro modo se obtiene la *vida* en el cuento.

HORACIO QUIROGA, 1927.

EL TEMA DEL CUENTO

Un cuentista es un hombre que de pronto, rodeado de la inmensa algarabía del mundo, comprometido en mayor o menor grado con la realidad histórica que lo contiene, escoge un determinado tema y hace con él un cuento. Este escoger un tema no es tan sencillo. A veces el cuentista escoge, y otras veces siente como si el tema se le impusiera irresistiblemente, lo empuja a escribirlo. En mi caso, la gran mayoría de mis cuentos fueron escritos —cómo decirlo— al margen de mi voluntad. Por encima o por debajo de mi conciencia razonante, como si yo no fuera más que un médium por el cual pasaba y se manifestaba una fuerza ajena. Pero esto, que puede depender del temperamento de cada uno, no altera el hecho esencial y es que en un momento dado *hay tema,* ya sea inventado o escogido voluntariamente, o extrañamente impuesto desde un plano donde nada es definible. Hay tema, repito, y ese tema va a volverse cuento. Antes de que ello ocurra, ¿qué podemos decir del tema en sí? ¿Por qué ese tema y no otro? ¿Qué razones mueven consciente o inconscientemente al cuentista a escoger un determinado tema?

A mí me parece que el tema del que saldrá un buen cuento es siempre *excepcional,* pero no quiero decir con esto que un tema deba ser extraordinario, fuera de lo común, misterioso o insólito. Muy al contrario, puede tratarse de una anécdota perfectamente trivial y cotidiana. Lo excepcional reside en una cualidad parecida a la del imán; un buen tema atrae todo un sistema de relaciones conexas, coagula en el autor, y más tarde en el lector, una inmensa cantidad de nociones, entrevisiones, sentimientos y hasta ideas que flotaban virtualmente en su memoria o su sensibilidad; un buen tema es como un sol, un astro en torno al cual gira un sistema planetario del que muchas veces no se tenía conciencia hasta que el cuentista, astrónomo de palabras, nos revela su existencia. O bien, para ser más modestos y más actuales a la vez, un buen tema tiene algo de sistema atómico, de núcleo en torno al cual giran los electrones; y todo esto, al fin y al cabo, ¿no es ya como una proposición de vida, una dinámica que nos insta a salir de nosotros mismos y a entrar en un sistema de relaciones más complejo y más hermoso? Muchas veces me he preguntado cuál es la virtud de ciertos cuentos inolvidables. En el momento los leímos junto con muchos otros, que incluso podían ser de los mismos autores. Y he aquí que los años han pasado, y hemos vivido y olvidado tanto; pero esos pequeños, insignificantes cuentos, esos gramos de arena en el inmenso mar de la literatura, siguen ahí, latiendo en nosotros. ¿No es verdad que cada uno tiene su colección de cuentos? Yo tengo la mía, y podría dar algunos nombres. Tengo *William Wilson* de Edgar Poe, tengo *Bola de sebo* de Guy de Maupassant. Los pequeños planetas giran y giran: ahí está *Un recuerdo de Navidad,* de Truman Capote; *Tlon, Uqbar, Orbis Tertius,* de Jorge Luis Borges; *Un sueño realizado,* de Juan Carlos Onetti; *La muerte de Iván Ilich,* de Tolstoi; *Fifty Grand,* de Hemingway; *Los soñadores,* de Izak Dinesen, y así podría seguir y seguir... Ya habrán advertido ustedes que no todos esos cuentos son obligadamente de antología. *¿Por qué* perduran en la memoria? Piensen en los cuentos que no han podido olvidar y verán que todos ellos tienen la misma característica: son aglutinantes de una realidad infinitamente más vasta que la de su mera anécdota, y por eso han influido en nosotros con una fuerza que no haría sospechar la modestia de su contenido aparente, la brevedad de su texto. Y ese hombre que en un determinado momento elige un tema y hace con él un cuento será un gran cuentista si su elección contiene —a veces sin que él lo sepa conscientemente— esa fabulosa apertura de lo pequeño hacia lo grande, de lo individual y circunscrito a la esencia misma de la condición humana. Todo cuento perdurable es como la semilla donde está durmiendo el árbol gigantesco. Ese árbol crecerá en nosotros, dará su sombra en nuestra memoria.

JULIO CORTÁZAR, «Algunos aspectos del cuento», en *Casa de las Américas,* La Habana, año II, números 15-16, nov. 1962-feb. 1963. Citamos por *La casilla de los Morelli,* ed. Julio Ortega, Barcelona, Tusquets, 1981[3], pp. 140-142.

LOS CUENTOS, VAGABUNDOS

Pocas cosas existen tan cargadas de magia como las palabras de un cuento. Ese cuento breve, lleno de sugerencias, dueño de un extraño poder que arrebata y pone alas hacia mundos donde no existen ni el suelo ni el cielo. Los cuentos representan uno de los aspectos más inolvidables e intensos de la primera infancia. Todos los niños del mundo han escuchado cuentos. Ese cuento que no debe escribirse y lleva de voz en voz paisajes y figuras, movidos más por la imaginación del oyente que por la palabra del narrador.

He llegado a creer que solamente existen media docena de cuentos. Pero los cuentos son viajeros impenitentes. Las alas de los cuentos van más allá y más rápido de lo que lógicamente pueda creerse. Son los pueblos, las aldeas, los que reciben a los cuentos. Por la noche, suavemente, y en invierno. Son como el viento que se filtra, gimiendo, por las rendijas de las puertas. Que se cuela, hasta los huesos, con un estremecimiento sutil y hondo. Hay, incluso, ciertos cuentos que casi obligan a abrigarse más, a arrebujarse junto al fuego, con las manos escondidas y los ojos cerrados.

Los pueblos, digo, los reciben de noche. Desde hace miles de años que llegan a través de las montañas, y duermen en las casas, en los rincones del granero, en el fuego. De paso, como peregrinos. Por eso son los viejos, desvelados y nostálgicos, quienes los cuentan.

Los cuentos son renegados, vagabundos, con algo de la inconsciencia y crueldad infantil, con algo de su misterio. Hacen llorar o reír, se olvidan de donde nacieron, se adaptan a los trajes y a las costumbres de allí donde los reciben. Sí, realmente, no hay más de media docena de cuentos. Pero ¡cuántos hijos van dejándose por el camino!

Mi abuela me contaba, cuando yo era pequeña, la historia *de la Niña de Nieve.* [...]

No hace mucho tiempo me enteré de que el cuento de la *Niña de Nieve*, que mi abuela recogiera de labios de la suya, era en realidad una antigua leyenda ucraniana. Pero ¡qué diferente, en labios de mi abuela, a como la leí! La niña de nieve atravesó montañas y ríos, calzó altas botas de fieltro, zuecos, fue descalza o con abarcas, vistió falda roja o blanca, fue rubia o de cabello negro, se adornó con monedas de oro o botones de cobre, y llegó a mí, siendo niña, con justillo negro y rodetes de trenza arrollados a los lados de la cabeza. La niña de nieve se iría luego, digo yo, como esos pájaros que buscan eternamente, en los cuentos, los fabulosos países donde brilla siempre el sol. Y allí, en vez de fundirse y desaparecer, seguirá viva y helada, con otro vestido, otra lengua, convirtiéndose en agua todos los días sobre ese fuego que, bien sea en un bosque, bien en un hogar cualquiera, está encendiéndose todos los días para ella. El cuento de la niña de nieve, como el cuento del hermano bueno y el hermano malo, como el del avaro y el del tercer hijo tonto, como el de la madrastra y el hada buena, viajará todos los días y a través de todas las tierras. Allí, a la aldea donde no se conocía el tren, llegó el cuento, caminando. El cuento es astuto. Se filtra en el vino, en las lenguas de las viejas, en las historias de los santos. Se vuelve melodía torpe, en la garganta de un caminante que bebe en la taberna y toca la bandurria. Se esconde en las calumnias, en los cruces de los caminos, en los cementerios, en la oscuridad de los pajares. El cuento se va, pero deja sus huellas. Y aun las arrastra por el camino, como van ladrando los perros tras los carros, carretera adelante. El cuento llega y se marcha por la noche, llevándose debajo de las alas la rara zozobra de los niños. A escondidas, pegándose al frío y a las cunetas, va huyendo. A veces pícaro, o inocente, o cruel. O alegre, o triste. Siempre, robando una nostalgia, con su viejo corazón de vagabundo.

ANA M.ª MATUTE, *El tiempo,* Barcelona, Mateu, 1963, pp. 279, 280, 282 y 283.

[¿QUÉ ES EL CUENTO?]

Un cuento se recuerda íntegramente o no se recuerda. Todo esto parece sugerir que mientras las peripecias de una novela pueden complicarse, no sucede lo mismo en el cuento, cuya trama ha de poseer el suficiente interés como para ser captada —y por ende, recordada— de golpe, sin pecar nunca de enmarañada, como una novela en síntesis. Es condición ésta que revela la dificultad del cuento, ya que su autor no puede utilizar los recursos normales de la novela, de suspender una acción e introducir otra, y volver a aquélla al cabo de muchas páginas; de desorientar al lector en cuanto a la conducta de los personajes; de hacer funcionar, a lo largo de la dilatada narración, unos núcleos polarizadores del interés del lector, etc. En el cuento los tres tiempos o momentos de las viejas preceptivas —exposición, nudo y desenlace— están tan apretados que casi son uno solo. El asunto, la situación, el tema ha de ser sencillo y apasionante a la vez. El lector de una novela podrá, quizá, sentirse defraudado por el primer capítulo, pero tal vez el segundo capte su atención. En el cuento no hay tiempo para eso: desde las primeras líneas ha de atraer la atención del lector. Si éste no *entra* entonces en el relato, es muy probable que tal situación se mantenga hasta la lectura de la última línea.

Con razón ha dicho el gran cuentista argentino Julio Cortázar que «la novela y el cuento se dejan comparar analógicamente con el cine y la fotografía, en la medida en que una película es en principio un 'orden abierto', novelesco, mientras que una fotografía lograda presupone una ceñida limitación previa, impuesta en parte por el reducido campo que abarca la cámara y por la forma en que el fotógrafo utiliza estéticamente esa limitación [...]. Mientras en el cine, como en la novela, la captación de una realidad más amplia y multiforme se logra mediante el desarrollo de elementos parciales, acumulativos, que no excluyen, por supuesto, una síntesis que dé el 'climax' de la obra, en una fotografía o un cuento de gran calidad se procede inversamente, es decir que el fotógrafo o el cuentista se ven precisados a escoger y limitar una imagen o un acaecimiento que sean *significativos*, que no solamente valgan por sí mismos, sino que sean capaces de actuar en el espectador o en el lector como una especie de *apertura*, de fermento que proyecta la inteligencia y la sensibilidad hacia algo que va mucho más allá de la anécdota visual o literaria contenidas en la foto o en el cuento».

MARIANO BAQUERO GOYANES, *¿Qué es el cuento?*, Buenos Aires, Columba, 1967, pp. 50 y 51.

COMENTARIO DE TEXTO

El comentario o análisis de un cuento, como el de cualquier texto literario, pretende dos cosas: su comprensión y valoración. Para conseguir este doble objetivo, proponemos, solamente como apoyo y guía metodológica, los siguientes aspectos que, de una u otra manera, creemos que se deben tener en cuenta: 1) argumento, 2) estructura narrativa, 3) tema, 4) análisis estilístico y 5) personajes, ambiente, punto de vista del autor, etc.

Como ejemplo práctico de comentario, buscando la sencillez y claridad, teniendo en cuenta las posibilidades y el nivel de los alumnos a los que va destinado este libro, proponemos el siguiente análisis del relato *El pozo,* de Ricardo Güiraldes, seleccionado en la presente antología (pp. 85-87).

I. Argumento

Un caminante se apoya en un pozo para descansar y, dormido, se cae al fondo. Con un esfuerzo sobrehumano, impelido por el deseo de sobrevivir, logra ir ascendiendo —lenta y penosamente— por las paredes del pozo hasta quedar, exhausto, con medio cuerpo fuera del brocal. En ese momento alguien, un gaucho, pasa y el hombre, extenuado, pide auxilio. El gaucho, al verlo, creyendo que se trata de una aparición maligna, saca su puñal y dirige hacia él la cruz de la empuñadura. El pobre desgraciado, comprendiendo, hace un último esfuerzo, pero una enorme piedra le golpea y le hace desaparecer para siempre.

II. Estructura narrativa *

El cuento se inicia con el primer párrafo [A] que presenta la situación actual del viejo pozo con la cruz roída por la car-

* En el texto del cuento, páginas 85-87, se han añadido, entre paréntesis cuadrados, las referencias que facilitan la exposición del comentario.

coma. Y finaliza con [C], ampliando los datos iniciales: la maldición que pesa sobre el pozo y la defensa de la cruz contra el demonio.

La historia central, [B], el relato como tal, se divide en dos grandes partes: en [I] se narra la caída del caminante al fondo del agua, la lucha desesperada por salir del pozo y la supuesta salvación. En [II] se describe la reacción del gaucho que confunde al infeliz con una aparición demoníaca y lo lanza de nuevo al pozo.

En esquema, detallando más el punto [B] [I], se puede plantear así:

[A] Comienzo.
[B] [I]: *a)* Presentación del caminante.
b) Caída en el pozo.
c) Esperanza: estrella, voces.
d) Salida: — comienzo del ascenso.
— dificultades.
— llegada al brocal: supuesta salvación.
[II]: Reacción del gaucho. Destrucción del protagonista.
[C] Final.

III. Tema

La tragedia del caminante que, después de pasar por una situación dramática para salir del pozo donde ha caído, cuando lo ha logrado, es muerto, absurdamente, al ser confundido con el demonio.

IV. Análisis estilístico

[A] Lo que se resalta en esta breve ambientación es el paso del tiempo en los dos objetos importantes del relato, el pozo y la cruz. La metáfora «desdentado» referida al brocal apoya al adjetivo «viejo». La cruz «roída por la carcoma» se personifica con una clara intención: «miraba...». Se destaca, además de lo viejo, la simplicidad de la cruz que oculta, sin embargo, la tragedia que se va a relatar.

La frase nominal «Toda una historia trágica» funciona como entrada.

[B] [I] De nuevo se insiste en la antigüedad de lo sucedido. La metáfora «recién herida la tierra» se corresponde, como causa y efecto, con «la sangre cristalina» referida al agua. El protagonista sólo se nos describe como un caminante sudoroso: ¿De dónde venía? ¿Adónde se dirigía? ¿Quién era? No lo sabemos, tampoco interesa. Es un desconocido, un hombre cualquiera: eso basta.

La metáfora «el aliento...» comunica una sensación de frescor y paz que contrastará con lo que va a suceder. El pozo se nombre aquí «tranquilo redondel». Cuando comience la desgracia, se hablará de él como «estrecho cilindro líquido» y «estrecho tubo húmedo», con una clara connotación de opresión y dificultad (para salir).

La enumeración de los tres sustantivos, en gradación temporal —«cansancio, noche y sueño»— explican el accidente. El adverbio «blandamente» da la impresión de una ralentización de la acción de caer, como si fuera en sueños. Pero la cruda realidad se impone metafóricamente con ese «romper la quietud del disco puro».

En los siguientes párrafos predomina un clima de terror, angustia y sufrimiento. Para lograr comunicarlo hay toda una acumulación de expresiones que se orientan semánticamente en esa dirección: «rechazaban brutalmente», «pelmazos de tierra pegajosa». Los dos adjetivos «espasmódicos» y «agónico», con el verbo «horadaron», definen plásticamente esa sensación de angustia. Además: «barro rojizo», «un frío le mordió», «gritó un grito... de terror», «denso como mercurio» —obsérvese la fuerza de la comparación para destacar la sensación de opresión—, «pavor», «arrastrándose», «dolores punzantes», «como en las pesadillas», «tendido de terror», «vacío el pecho».

Esta escena angustiosa, potenciada acertadamente por todos esos elementos lingüísticos, se entremezcla con la esperanza y el deseo innato de conservación. La esperanza le llega con la visión de la *estrella* en el cielo, como una llamada lejana, y las *voces,* la vida cercana que aguarda fuera del pozo. Esta mezcla de terror, decaimiento, y al mismo tiempo tesón y esfuerzo —«esperanza y desaliento»— se alternan en la narración.

Hay que señalar que el clímax narrativo que estamos comentando se consigue mediante una serie de sensaciones *visuales* («miró hacia arriba», «los ojos se hipnotizaron en la contemplación...», «mirando el fin siempre lejano...»); *táctiles* («sus dedos... horadaron el barro...», «con su mano libre tanteó el cuerpo...», un frío le mordió del agua», «dolores punzantes») y *auditivas* («romper la quietud», «unas voces... desfiguradas», el pleonasmo «gritó un grito» y la onomatopeya «crepitando abajo en lluvia fina»). Todas estas sensaciones configuran la situación dramática del protagonista.

El término de la terrible ascensión, la descripción de la

llegada del hombre al brocal, agotado por el esfuerzo, se comunica literariamente con el predicativo «exhausto» y con las expresiones, semánticamente parecidas, «incapaz de saborear el fin de sus martirios», «anulada la voluntad por el cansancio», y con esa imagen final de la mirada estúpida sobre el árbol como algo «irreal».

Como resumen, hay que señalar que esta parte [I] es el nudo, el centro de la narración. Es la más larga del breve relato y, como hemos visto, detallista, cuidada literariamente, y con un ritmo marcado por los siguientes pasos: aturdimiento, lucha desesperada, desfallecimientos, éxito (?) final. Se nos ha hecho vivir intensamente todo el proceso y parece que, igual que el protagonista, descansamos, por fin, como si ya todo hubiese terminado. Mediante una técnica narrativa intensificadora, el autor ha buscado el contraste que se desencadenará inmediatamente con el rápido desenlace de [II].

[II] Como del protagonista, del «antagonista» apenas se dice nada: «alguien», «del lugar», «un gaucho». El desenlace ya se plantea en la palabra «hostil» y, sobre todo, en «maldito». Aparece también el elemento religioso-supersticioso, «santiguarse» y «... empuñadura en cruz».

La realidad que hemos contemplado o mejor vivido, un pobre hombre que logra tras ímprobos esfuerzos salir del pozo, por obra de la superstición religiosa, se ha convertido en una aparición demoníaca. En la frase «el infeliz comprendió» se resume toda la sensación de inutilidad y fatalismo por parte del protagonista. El final, escueto y rápido, completa el relato: «aquella visión de infierno» desaparece. El pozo, al que no se mienta, traga de nuevo y definitivamente a la víctima.

[C] Después de finalizada la historia, el autor termina su relato con este último párrafo que se relaciona con el comienzo [A].

Como ya hemos indicado anteriormente, la palabra «maldito» y la expresión «defiende a los cristianos contra las apariciones del malo» son los nuevos elementos introducidos con relación a [A]. Se muestra aquí la intención del autor: contraponer la leyenda que corre por el pago —una aparición del demonio vencida por la cruz— con la realidad que se ha contado: una absurda tragedia motivada por la superstición y la ignorancia.

Para finalizar este punto, hay que hacer referencia a los pocos americanismos que aparecen en el texto —«de fuera», «aguaribay», «llamado», «gaucho», «facón», «pago» y «malo»—, pero suficientes para dar un ligero tono y ambientación argentina a la narración.

V. Conclusión

Este cuento de R. Güiraldes llama la atención, a primera vista, por su brevedad. Sus principales características son la concisión y la intensidad. Hay que destacar la estructura narrativa, perfectamente calibrada y medida, y el estilo muy cuidado que, con una técnica cinematográfica —se podría hablar de enfoques o encuadres, primeros y segundos planos, movimientos de cámara— consigue potenciar el suceso narrado.

Está escrito en tercera persona, propia del tradicional narrador omnisciente, situado fuera del asunto, pero que conoce lo que pasó y lo cuenta al lector: frente a la leyenda popular, la verdadera historia.

EJERCICIOS

A. Sobre los cuentos seleccionados

Proponemos a continuación, de una manera general y orientativa, una serie de ejercicios para clase, de cada uno de los cuentos seleccionados. Son solamente una muestra de sugerencias que podrán concretarse y ampliarse según la diversa dinámica, circunstancias e intereses de profesores y alumnos.

1. *Analizar los diversos aspectos humorísticos del cuento de Espronceda.*
2. *El apólogo es un cuento cuyo principal objetivo es deducir una consecuencia moral e instructiva. Deducir la enseñanza moral del relato de Bécquer y aplicarla a alguna circunstancia actual concreta.*
3. *Analizar los términos y frases de tipo mitológico oriental y simbólico del mismo relato.*
4. *Analizar las características de los elementos escenográficos del relato de Valle-Inclán.*
5. *Papel del narrador en este mismo cuento.*
6. *Analizar los aspectos costumbristas y folclóricos del cuento de Blasco Ibáñez.*
7. *Estudio del léxico del relato de Miró.*
8. *Elementos irónicos de la narración de Fernández Flórez.*
9. *Función de los elementos narrativos, descriptivos y de diálogo de la narración de Aldecoa.*
10. *El mundo del cine en el relato de José M.ª Merino. Referencias cinematográficas.*
11. *El cuento dentro del cuento en la narración de Luis Mateo Díez.*
12. *Análisis del tiempo narrativo en el relato de H. Quiroga.*
13. *La interacción de ensueño y realidad en el relato de Cortázar.*
14. *Analizar los diversos planos del «tempo» narrativo en el relato de Rulfo.*
15. *Analizar la aceleración del ritmo del relato de E. Allan Poe.*
16. *Estudio de la psicología del personaje en el mismo relato.*

17. *Analizar la estructura dramática de la narración de V. de L'Isle-Adam.*
18. *Elementos típicos del cuento infantil en el relato de O. Wilde.*
19. *Analizar el realismo sentimental del relato de G. Guareschi.*

B. Temas de redacción y debate

1. *Debate sobre la interpretación del cuento de Pérez Galdós.*
2. *A partir del relato de Fernández Flórez, se propone este tema de narración: «El canto a la vida».*
3. *Debate, a partir del cuento de Aldecoa, con interpretación y aplicación a su relato de estas palabras del propio Aldecoa: «Lo que me mueve, sobre todo, a escribir, es que hay una realidad española, cruda y tierna, a la vez, que está inédita en nuestra literatura».*
4. *Tema de redacción tras la lectura del cuento de Fernández Santos: «El narrador, espectador y actor impotente ante la trágica miseria de la España de postguerra».*
5. *Lectura del cuento de J. M. Merino. Debate: «La fantasía, evasión de la realidad incomprendida».*
6. *Tema de redacción a partir del cuento de R. Güiraldes: «La superstición popular».*
7. *Debate: ¿Cuál es la concepción de la creación poética que nos transmite Borges en su cuento? Posibles interpretaciones de «El espejo y la máscara».*
8. *Tema de redacción a propósito del cuento de Cortázar: «La nostalgia de la isla en el mundo moderno».*
9. *Lectura del cuento de García Márquez y redacción: ¿Quién o qué es «el abogado»? Trasladar a la realidad cotidiana.*
10. *Debate a partir del cuento de L'Isle-Adam: «El refinamiento de la tortura, síntoma del refinamiento del poder».*
11. *Tema de redacción y posterior debate tras la lectura del cuento de W. W. Jacobs: «Las promesas del mal».*
12. *Tema de redacción: «El mundo esquimal a través del relato de J. London».*
13. *Redacción sobre «La soledad», a propósito del cuento de R. Bradbury.*
14. *Lectura del último cuento de la antología y debate: «La proyección del mundo humano en la naturaleza».*

Alhambra
LITERATURA

Antología poética de la generación del 27
Edición de F. J. Díez de Revenga

Antología de Bécquer
Edición de M. P. Díez Taboada

Antología del cuento literario
Edición de M. Díez Rodríguez

La vida del buscón llamado don Pablos
F. de Quevedo

Fuente Ovejuna
Lope de Vega
Edición de J. Sánchez Lobato

El sí de las niñas
L. Fernández de Moratín
Edición de José J. Satorre Grau

Luis de Góngora: Antología poética
Edición de A. del Rey Briones

El sombrero de tres picos
Pedro A. de Alarcón
Edición de J. B. Montes Bordajandi

El Romancero y la lírica tradicional
Edición de M.ª Teresa Barbadillo de la Fuente

San Juan de la Cruz: Poesía y Antología de prosa
Edición de Juana Vázquez Marín

Rosalía de Castro: Antología poética
Edición de Arcadio López-Casanova

Cartas marruecas
José Cadalso
Edición de S. Solé y J. Palomar

Antología del Quijote
Miguel de Cervantes
Edición y selección de D. Chicharro Chamorro

Escuadra hacia la muerte
Alfonso Sastre
Edición de J. Estruch Tobella

Tres sombreros de copa
Miguel Mihura
Edición de M. Villar Corrales

Textos históricos para jóvenes
Clemente Carral y José Antonio Aguilar

La Vida es Sueño
P. Calderón de la Barca
Edición de A. Hurtado

Antología poética. Grupo Cántico
Edición de J. Calviño

De San Pascual a San Gil
Domingo Miras
Edición de L. Alonso

Cuentos escogidos
Ignacio Aldecoa
Edición G. Rey

Federico García Lorca: Antología
Edición de M. Cifo

Antología poética. Generación del 27
Edición de F. J. Díez de Revenga

La Estanquera de Vallecas. Viva el duque nuestro dueño
J. Alonso Santos
Edición de M. T. Olivera